Kreativer Tanz mit Kindern und Jugendlichen

WO SPORT SPASS MACHT

Kreativer Tanz mit Kindern und Jugendlichen

Choreografien, Tanztheater und Tanzgeschichten

Julia Dold

Meyer & Meyer Verlag

Kreativer Tanz mit Kindern und Jugendlichen

Bibliografische Information der Deutschen Nationalbibliothek
Die Deutsche Nationalbibliothek verzeichnet diese Publikation in der Deutschen Nationalbibliografie; detaillierte bibliografische Details sind im Internet über <http://dnb.d-nb.de> abrufbar.

2. Auflage 2024

Auckland, Beirut, Dubai, Hägendorf, Hongkong, Indianapolis, Kairo, Kapstadt,

Manila, Maidenhead, Neu-Delhi, Singapur, Sydney, Teheran, Wien

 Member of the World Sport Publishers' Association (WSPA)

Gesamtherstellung: Print Consult GmbH, München

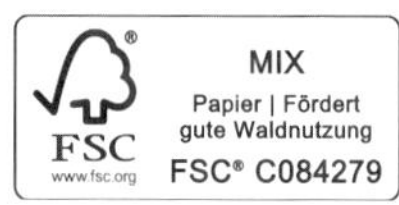

ISBN 978-3-8403-7564-4
E-Mail: verlag@m-m-sports.com
www.dersportverlag.de

INHALT

VORWORT

Das gemeinsame Erarbeiten von Aufführungen und Präsentationen des Erlernten innerhalb einer Tanzstunde ist ein aufregender, motivierender und damit wichtiger Teil des Unterrichts.

Dem Unterricht wird so ein Ziel gesetzt, auf das es sich hinzuarbeiten lohnt. Den Kindern wird in Aussicht gestellt, sich anderen gegenüber präsentieren zu können und zeigen zu dürfen, was sie erreicht haben. Dies bietet nicht nur eine größere Motivation zum Lernen, sondern auch eine stärkere Bereitschaft, sich im Tanzunterricht einzubringen.

Eine Aufführungssituation, gleichgültig, in welchem Rahmen, ist für die meisten Kinder und Jugendlichen ein besonderes Erlebnis, das ihnen Erfolgserlebnisse und damit eine Stärkung ihres Selbstwertgefühls beschert. Deshalb sollte den Kindern und Jugendlichen eine solch stärkende Erfahrung in jedem Fall ermöglicht werden.

Das Ermöglichen solcher Aufführungserlebnisse bezieht sich hierbei nicht nur auf das tänzerische Unterrichtsangebot innerhalb von Sportvereinen, Tanzschulen und Tanzstudios, sondern vor allem auch auf das Angebot an Schulen und Kindergärten.

In vielen Gesprächen mit Lehrerinnen und Erzieherinnen wurde mir geschildert, dass der Wunsch, Tanzaufführungen und kleine tänzerische Stücke mit Kindern oder Jugendlichen zu gestalten, groß ist.
Oftmals aber fehlen den Lehrkräften die dafür notwendigen Anregungen, Inspirationen und genauen Anleitungen, um die Umsetzung einer Aufführung anzugehen.

Dieses Buch richtet sich somit vorrangig an Lehrerinnen, Erzieherinnen und Übungsleiterinnen, die Tanz innerhalb ihrer Institutionen anbieten und sich für die Gestaltung tänzerischer Aufführungen mit ihren Gruppen detaillierte Anleitungen und Anregungen wünschen.

Ich möchte Ihnen verschiedenste Möglichkeiten der Erarbeitung von tänzerischen Aufführungen an die Hand geben, die sich in ihrer Umsetzbarkeit auf bestimmte Altersgruppen und Institutionen beziehen und in jedem einzelnen Unterrichtsschritt erläutert werden sollen.

Dies bezieht sich natürlich zunächst auf die choreografische Arbeit, die in einzelnen Anleitungen und Arbeitsschritten vorgestellt wird, aber ebenso auf den dramaturgischen Aufbau, auf die Planung und die letztendliche Zusammensetzung des Stückes.

Sie finden in diesem Buch kleine, tänzerisch umsetzbare Geschichten, sowie die Anleitungen zur tänzerischen Umsetzung von Bilderbüchern für die Altersgruppen der 3-6-Jährigen und 6-9-Jährigen.

Weiterhin werden Vorschläge und Anleitungen zur choreografisch-theatralischen Arbeit mit Kindern und Jugendlichen ab 10 Jahren aufgezeigt, deren Umsetzung von der Ideenfindung des Themas bis hin zur fertigen tänzerischen Aufführung in einzelnen Arbeitsschritten erläutert wird.

Sie finden hilfreiche Tipps und Anregungen zur choreografischen Arbeit, sowie für sich stehende kleine Choreografien für verschiedene Altersgruppen, die so für Ihren Unterricht übernommen werden können. Alle Anleitungen, die Sie in diesem Buch finden, habe ich selbst mit meinen Kindertanzgruppen, Schulgruppen oder auch ganz neu zusammengestellten Tanzgruppen ausprobiert und erarbeitet.

Jedes Mal war es ein wunderschönes Erlebnis, gemeinsam mit den Kindern diesen kreativen Prozess des Erarbeitens zu durchlaufen und am Ende auch gemeinsam mit ihnen die Aufregung vor der Aufführung und das Erfolgserlebnis zu teilen.

Ich empfinde es als den schönsten Lohn, den eine Pädagogin bekommen kann, wenn man schließlich die Kinder und Jugendlichen mit leuchtenden Augen auf der Bühne stehen sieht und einige von ihnen während der Aufführung sogar über sich hinauszuwachsen scheinen.

Ich freue mich, wenn Sie die eine oder andere Idee für sich finden und sich gemeinsam mit den Kindern und Jugendlichen auf eine solch aufregende tänzerische Entdeckungsreise machen können.

Ich wünsche Ihnen viel Spaß und Erfolg!

Julia Dold

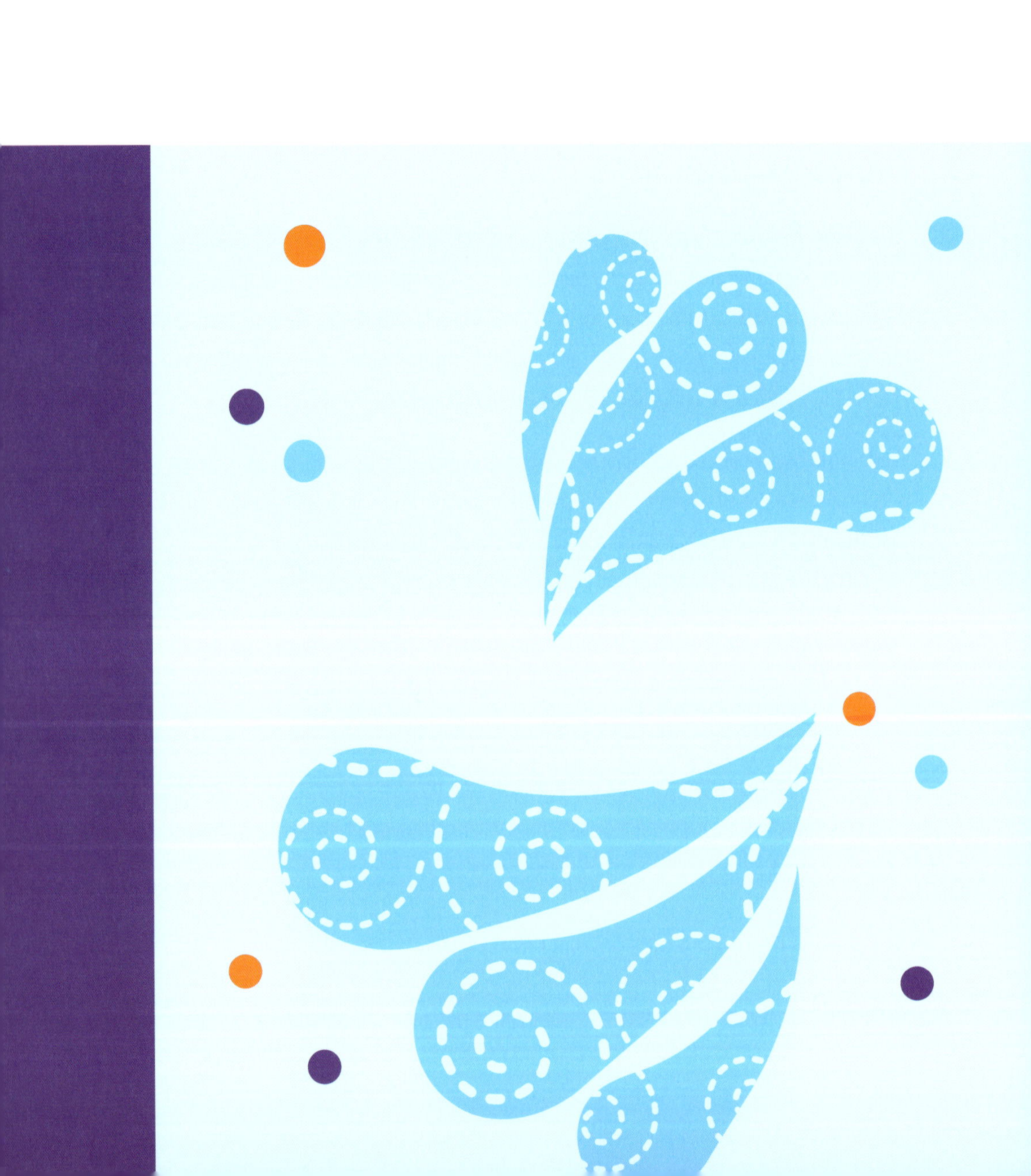

KAPITEL 1

1 **Wir tanzen ein Bilderbuch**

2 Tanzgeschichten mit Kindern ab vier Jahren

3 Tanztheater mit Kindern ab 11 Jahren

4 Tanz und Theater

5 „Paulchen, Wicki und Co."

1 WIR TANZEN EIN BILDERBUCH

In diesem Kapitel möchte ich erläutern, wie mit einfachen Mitteln ein Bilderbuch in all seinen Inhalten, Bildern und Szenen mit Kindern in Bewegungssequenzen umgesetzt werden kann. Dabei können die tänzerischen Übersetzungen als Inhalte des Unterrichts oder aber in Form kleiner Tanztheaterstücke für Aufführungen umgesetzt werden.

Die Methodik, die ich hierfür beschreibe, lässt sich mit vielen beliebigen Bilderbüchern umsetzen. Anhand der hier vorgestellten Beispiele lassen sich viele weitere Bücher Ihrer Wahl in Tanz und Bewegung umsetzen.

Für die eigenständige Weiterarbeit mit Bilderbüchern gebe ich am Ende des Kapitels weitere Beispiele, Anregungen und Denkanstöße.

1.1 „Die kleine Raupe Nimmersatt"*

Die Umsetzung der Geschichte bezieht sich auf die Altersgruppe der 3-6-Jährigen.

1.1.1 Buch und Improvisation

Erzähler

„Nachts im Mondschein, lag auf einem Blatt ein kleines Ei."

Improvisation 1

Die Kinder stellen das kleine Ei dar. Sie rollen sich ganz klein auf dem Boden zusammen. Es kann dazu eine passende Musik gespielt werden.

* Quelle: Eric Carle: (2009). *Die kleine Raupe Nimmersatt.* Hildesheim: Gerstenberg Verlag. Textabdruck mit freundlicher Genehmigung des Gerstenberg Verlags.

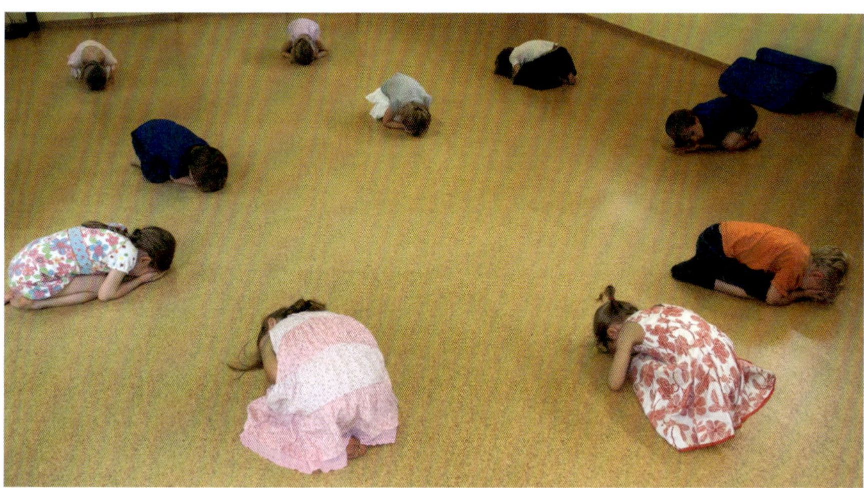

Die „kleinen Eier" liegen jeweils auf einem Blatt. Sie können also nicht wild durch den Raum rollen, sondern sich nur in einem kleinen Radius bewegen. Die „kleinen Eier" sollen auf ihrem Blatt ein bisschen hin- und herrollen.

Die Kinder umfassen dafür ihre Beine mit den Armen und liegen auf dem Rücken ganz rund zusammengerollt.

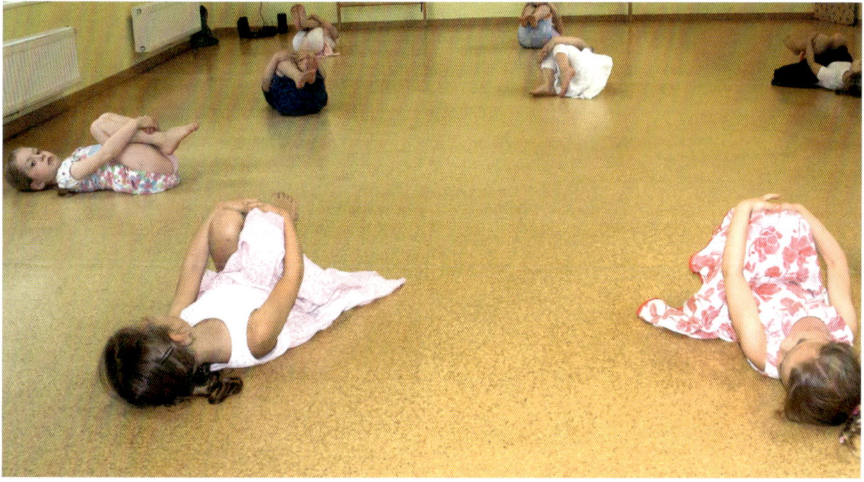

Nun bewegen sie sich, auf der Wirbelsäule rollend, hin und her. Es können dabei auch ganze Drehungen in dieser Position durchgeführt werden.

Aufgepasst!

Als Blatt kann den Kindern eine kleine Matte auf den Boden gelegt werden! Jedes Kind hat als Ei dann sein eigenes Blatt, auf dem es sich bewegen kann. Dadurch wird automatisch der Radius festgelegt und der Untergrund ist schön weich, um auf dem Rücken hin und her zu rollen.

Fokus

Bei dieser Improvisation geht es innerhalb der Bewegungspädagogik um die Flexibilität der Wirbelsäule und des Rückens im Allgemeinen.

Erzähler

„Und als an einem schönen Sonntagmorgen die Sonne aufging, hell und warm, da schlüpfte aus dem Ei – knack – eine kleine, hungrige Raupe. Sie macht sich auf den Weg, um Futter zu suchen."

Improvisation 2

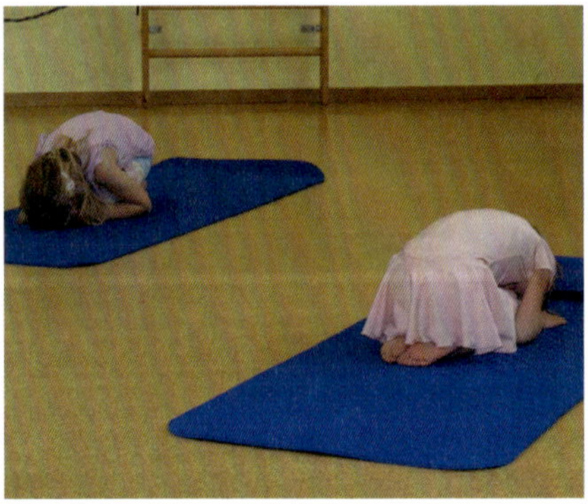

Die Kinder begeben sich zunächst in die Position des kleinen Eis auf dem Blatt. Die Kinder legen sich auf ihre Matte und rollen sich auf dem Rücken zusammen.

Nun wird eine passende Musik gestartet. Es sollte eine langsame, ruhige, leichte Musik sein.

Die Kinder stellen die kleine Raupe dar, die sich aus dem Ei knabbert. Sie bewegen sich dazu aus ihrer zusammengerollten Position heraus und beginnen, immer größer zu werden. Sie schlängeln sich auf der Matte und machen sich immer länger und länger.

Schließlich können sie sich von ihrer Matte herunterschlängeln und sich als kleine Raupe durch den Raum schlängeln.

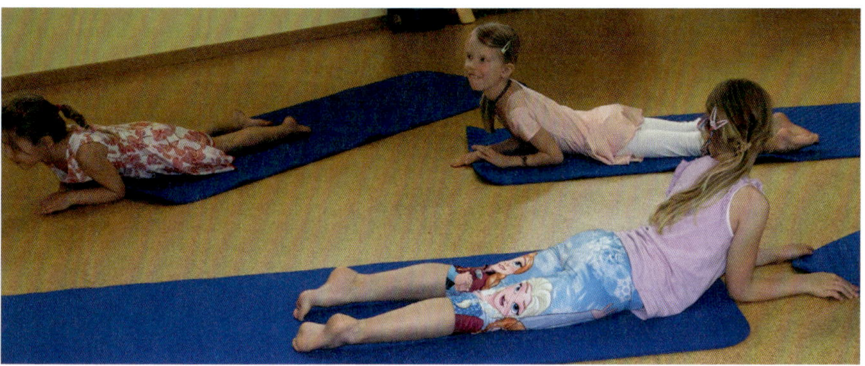

Fokus

Mit dieser Improvisation soll die Beweglichkeit der Wirbelsäule gefördert und erhöht werden. Die anschließenden schlängelnden Bewegungen auf dem Boden dienen im Anschluss der Dehnung und Streckung des Körpers sowie der allgemeinen Förderung der Beweglichkeit.

Erzähler

„Am Montagmorgen fraß sie sich durch einen Apfel – aber satt war sie noch immer nicht."

Improvisation 3

Gruppenarbeit

Die Kinder werden in Gruppen aufgeteilt. Es sollten hierbei möglichst Dreiergruppen gebildet werden. In jeder Dreiergruppe ist ein Kind die Raupe und die anderen beiden Kinder stellen den Apfel dar.

Die Rollen innerhalb der Gruppen können anschließend durchgetauscht werden, sodass jedes Kind einmal die Raupe war!

Sollten die Gruppen nicht zustande kommen, gebe ich im Anschluss ein Beispiel für eine Zweiergruppe!

In den Gruppen bilden die beiden „Apfelkinder" eine Art Tor. Sie stellen so den runden Apfel dar.

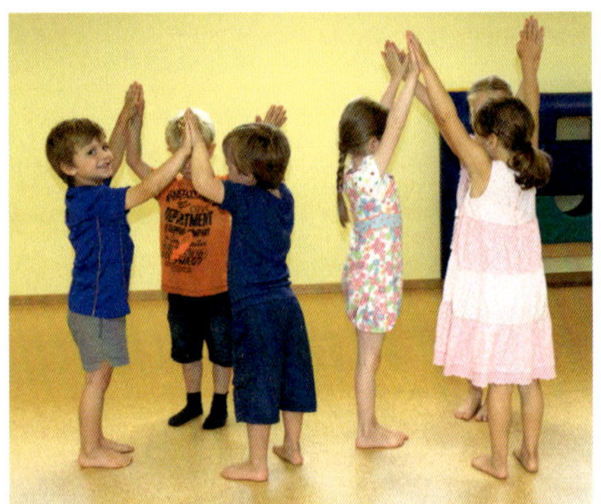

Wie sie dies umsetzen, dürfen die Kinder selbst ausprobieren!

Das „Raupenkind" soll sich nun durch den Apfel fressen, indem es sich, auf dem Boden zum Apfel schlängelnd, bewegt und durch die entstandene Öffnung hindurchbewegt.

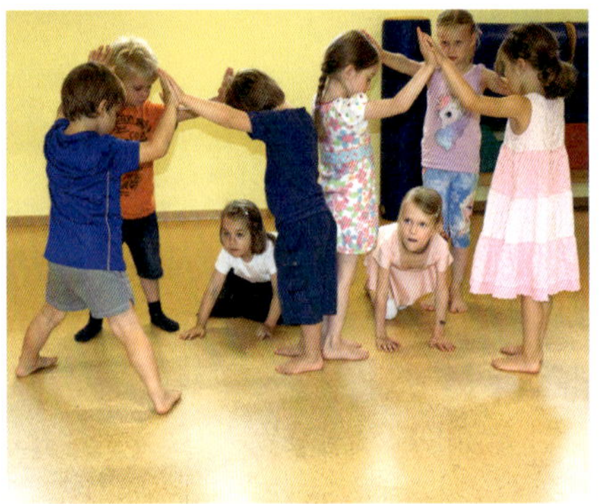

Im Anschluss können die Rollen getauscht werden.

Beispiel Zweiergruppe:

Ein Kind ist die Raupe. Ein Kind ist der Apfel. Das „Apfelkind" versucht z. B., indem es in den Vierfüßlerstand geht, den Apfel mit der Öffnung darzustellen. Das „Raupenkind" schlängelt sich nun ebenfalls auf dem Boden durch diese Öffnung. Hierbei muss das „Raupenkind" sehr viel vorsichtiger vorgehen, da es weniger Platz hat.
Es geht dabei auch um die Sensibilisierung der Kinder!

Beispiel Vierergruppe:

Drei Kinder als Apfel. Ein Kind als Raupe.

Fokus

Bei diesem und auch den folgenden Abschnitten liegt der Fokus der Bewegungsarbeit in der Sensibilisierung der Kinder aufeinander und auf der Teamarbeit. Die Kinder sollen sich aufeinander einlassen und einander vertrauen. Gleichzeitig werden Wirbelsäule und körperliche Beweglichkeit gefördert und geschult.

Erzähler

„Am Dienstag fraß sie sich durch zwei Birnen – aber satt war sie immer noch nicht."

Improvisation 4

Gruppenarbeit s. o.

Die Kinder werden in Dreiergruppen eingeteilt. Zwei Kinder sind die Birnen. Ein Kind ist die Raupe. Die beiden „Birnenkinder" stehen jeweils im Vierfüßlerstand, sodass eine Öffnung entsteht. Das „Raupenkind" schlängelt sich am Boden zunächst durch die erste „Birnenöffnung". Dann dreht es um und schlängelt sich auf dem Rückweg durch die zweite „Birne".

Es sind auch Vierergruppen möglich! Bei den Vierergruppen kann es zwei „Birnenkinder" und zwei „Raupenkinder" geben!

Erzähler

„Am Mittwoch fraß sei sich durch drei Pflaumen – aber satt war sie immer noch nicht."

Improvisation 5

Gruppenarbeit s. o.

Die Kinder werden in Vierergruppen eingeteilt. Drei Kinder sind die Pflaumen. Ein Kind ist die Raupe. Die drei „Pflaumenkinder" stehen jeweils im Vierfüßlerstand, sodass eine Öffnung entsteht.

Das „Raupenkind" schlängelt sich am Boden zunächst durch die erste „Pflaumenöffnung". Dann dreht es um und schlängelt sich auf dem Rückweg durch die zweite „Pflaume". Schließlich schlängelt sich das „Raupenkind" wieder zurück und durch die dritte „Pflaume".

Hier sind Gruppen mit weniger Kindern schwierig! Es müssten dann Fünfer- oder Sechsergruppen werden!

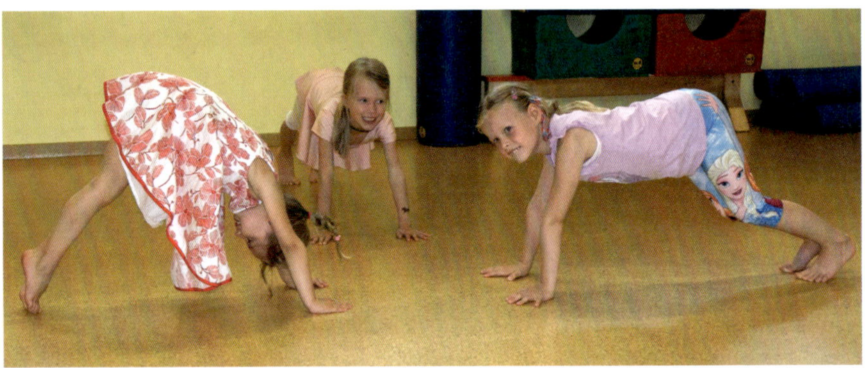

Erzähler

„Am Donnerstag fraß sie sich durch vier Erdbeeren – aber satt war sie immer noch nicht."

Improvisation 6

Gruppenarbeit

Ab diesem Abschnitt können die Kinder als ganze Gruppe in zwei Einzelgruppen aufgeteilt werden. Die eine Hälfte der Gruppe sind die Erdbeeren und die andere Hälfte der Gruppe sind die Raupen.

Die „Erdbeerkinder" stehen, wie oben bereits beschrieben, im Vierfüßlerstand. Die „Raupenkinder" suchen sich nun jeweils immer eine „Erdbeere", durch die sie schlängeln können. Die „Raupenkinder" kriechen von einer Seite zur anderen durch die „Erdbeeren".

Dies kann beliebig oft wiederholt werden!

Erzähler

„Am Freitag fraß sie sich durch fünf Apfelsinen – aber satt war sie immer noch nicht."

Improvisation 7

Gruppenarbeit

Die Kinder werden in zwei große Gruppen eingeteilt. Eine Gruppe sind die „Apfelsinen" und eine Gruppe sind die „Raupen". Der Ablauf ist nun der Gleiche, wie oben bei den Erdbeeren beschrieben.

Erzähler

„Am Sonnabend fraß sie sich durch: Ein Stück Schokoladenkuchen, eine Eiswaffel, eine saure Gurke, eine Scheibe Käse, ein Stück Wurst, einen Lolli, ein Stück Früchtebrot, ein Würstchen, ein Törtchen und ein Stück Melone.

An diesem Tag hatte sie Bauchschmerzen."

Improvisation 8

Alle Kinder stellen nun die kleine Raupe dar! Die Kinder dürfen nun durch den Raum kriechen und so tun, als ob sie sich durch all die Sachen hindurchfressen. Dabei dürfen sie selbst ausprobieren, wie sie sich dabei am besten bewegen.

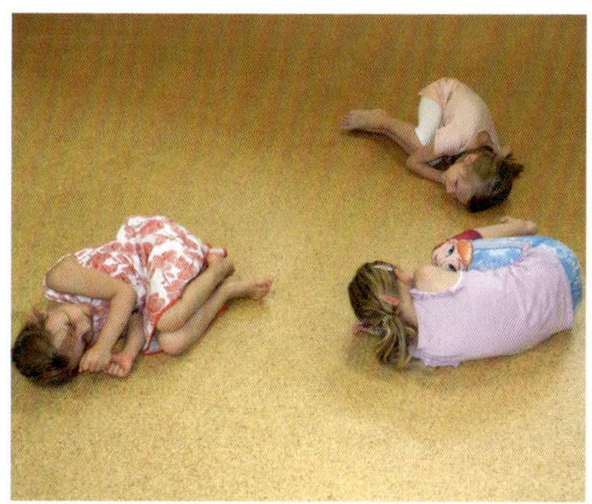

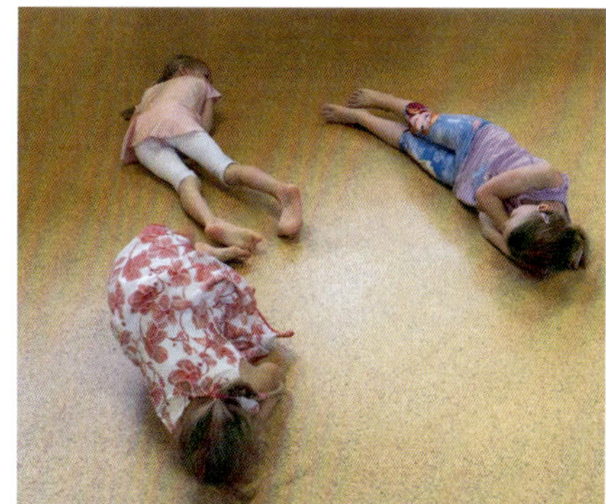

Der ÜL klatscht schließlich in die Hände und ruft: „Jetzt haben alle kleinen Raupen Bauchschmerzen!" Alle Kinder dürfen nun darstellen, wie die kleine Raupe Bauchschmerzen hat. Sie dürfen sich dafür ganz eng zusammenrollen oder hin- und herrollen.

Fokus

Der Fokus der Körperarbeit liegt in der sogenannten *Bodenarbeit*. Durch die Bewegungen am Boden werden die Muskeln gestärkt sowie gedehnt und die Flexibilität des Körpers erhöht. Durch die pantomimische Arbeit mit Gesicht und Körper in der Darstellung des „Essens" wird gleichzeitig die Kreativität der Kinder gefördert, sowie ihre Fähigkeit, aus sich herauszugehen.

Erzähler

„Der nächste Tag war wieder ein Sonntag. Die Raupe fraß sich durch ein grünes Blatt. Es ging ihr schon viel besser. An diesem Tag war sie nicht mehr hungrig, sie war richtig satt. Und sie war auch nicht mehr klein – sie war groß und dick geworden." „Sie baute sich ein enges Haus, das man Kokon nennt und blieb darin mehr als zwei Wochen lang. Dann knabberte sie ein Loch in den Kokon, zwängte sich nach draußen und .... war ein wunderschöner Schmetterling!"

Improvisation 9

Zunächst dürfen sich die Kinder als dicke, kleine Raupen durch den Raum bewegen.

Um die dicke Raupe darstellen zu können, ist es einfacher, sich rollend durch den Raum zu bewegen. Die Raupen sind so dick geworden, dass sie sich nur noch durch den Raum rollen können.

Die Kinder können zunächst selbstständig ausprobieren, mit welchen Bewegungen sie die dicke Raupe darstellen können. Sollte den Kindern das schwerfallen, kann der ÜL den oben genannten Vorschlag machen.

Schließlich sucht sich jedes Kind ein Plätzchen im Raum und macht sich dort am Boden ganz klein. Hier bauen die „Raupenkinder" nun ihren Kokon, in dem sie schlafen. Die Kinder bleiben in dieser Position direkt liegen.

Die Musik wird langsam immer leiser. Der Erzähler spricht den letzten Satz. Eine neue, beschwingte Musik beginnt und alle Kinder stehen auf und tanzen als schöne Schmetterlinge durch den Raum.

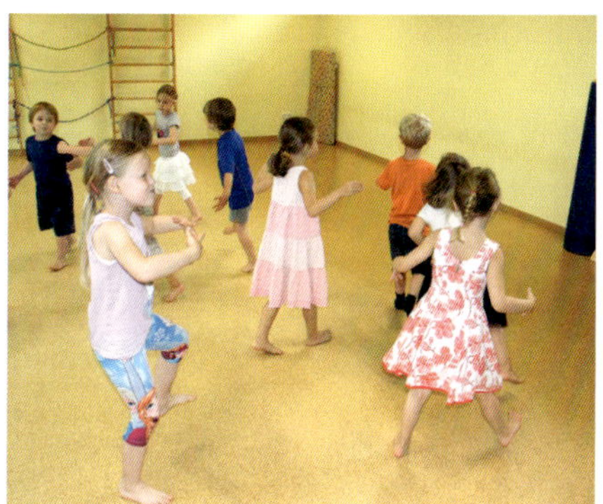

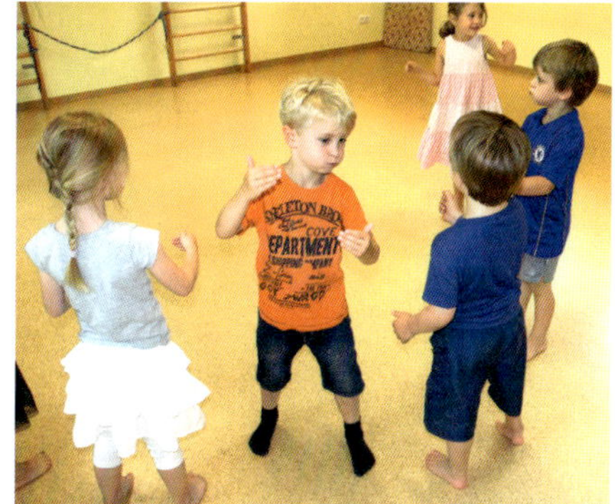

Fokus

Die Kreativität der Kinder wird gefördert, indem sie selbstständig ausprobieren sollen, wie sich die Raupe nun als dicke Raupe bewegen kann. Durch das Rollen am Boden wird die Flexibilität des Körpers gefördert.
Im letzten Abschnitt liegt der Fokus auf der freien tänzerischen Bewegung als schöner Schmetterling.

1.1.2 Umsetzung im Unterricht

Für die Umsetzung im Unterricht gibt es zwei Möglichkeiten. Beide Varianten werden im Folgenden aufgezeigt.

1) Improvisationsblock, geschlossen

Bei dieser Variante wird das Buch komplett innerhalb der Improvisationseinheit im Unterricht umgesetzt. Das Buch wird vom ÜL zum Unterricht mitgebracht. Zusammen mit den Kindern wird jede Seite vorgelesen und angeschaut. Der ÜL schlägt den Kindern vor, das, was dort steht und zu sehen ist, nun selbst darzustellen.

Zusammen mit den Kindern wird überlegt und besprochen, wie man dies umsetzen kann.

Beispiel:

Das erste Bild und der erste Text wurden angeschaut und gelesen.

ÜL: „Da ist also ein kleines Ei auf dem Blatt! Dann wollen wir das nun auch mal probieren. Jedes Kind verwandelt sich gleich, wenn die Zaubermusik beginnt, in das kleine Ei auf dem Blatt! Wie könnte denn so ein Ei aussehen?"

Die Kinder äußern Ideen.

ÜL: „Genau! Ganz klein und rund ist so ein Ei! Und wie kann sich so ein Ei bewegen?"

Die Kinder äußern Ideen.

ÜL: „Ja, richtig! Es kann z. B. rollen! Dann wollen wir doch gleich mal sehen, was da gleich mit uns als kleines Ei passieren kann!"

Es wird eine passende, ruhige Musik gestartet – die Zaubermusik!

Die Kinder dürfen nun das eben Besprochene in der Bewegung ausprobieren. Der ÜL kann während der Improvisation immer wieder neue Ideen und Anregungen an die Kinder weitergeben.

Z.B. „Alle kleinen Eier rollen auf ihrem Blatt ein bisschen hin und her. Sie können sich von einer Seite zur anderen bewegen."
„Alle kleinen Eier schaukeln vorsichtig von Seite zu Seite!"

Es kann im Vorfeld eine kleine Matte für jedes Kind auf den Boden gelegt werden, damit die Kinder eine räumliche Begrenzung im Raum haben.
Diese Matte stellt das Blatt dar, auf dem das Ei liegt.

Der ÜL entscheidet, wie lange die Improvisationseinheit dauert. Die Improvisation wird beendet, indem die Zaubermusik langsam leiser wird und das Kommando: **„Alle Kinder sind erlöst"** gegeben wird.

Der ÜL holt alle Kinder wieder im Kreis zusammen und gemeinsam wird das nächste Bild im Buch angesehen und der nächste Text vorgelesen. Im Anschluss wird so mit jeder Seite des Buches verfahren.
Die genauen Anleitungen zu den einzelnen Improvisationen und Bewegungsbildern entnehmen Sie Kap. 1.1.1.

Aufgepasst!

Diese Variante nimmt einen recht großen Teil einer kreativen Kindertanzstunde ein! Wenn Sie diese Möglichkeit für den Unterricht wählen, dann planen Sie einen zeitlich passenden Umfang dafür innerhalb des Stundenkonzepts ein!

2) Einzelne Improvisationsblöcke

Bei dieser Arbeitsvariante wird das Buch in einzelne Unterrichtseinheiten zerlegt. Dadurch kann mit einem Bilderbuch über mehrere Stunden und damit Wochen gearbeitet werden und der Stundeninhalt ist somit anteilig vorbereitet.

Der ÜL bringt das Buch zum Unterricht mit. Nun wird beispielsweise im Improvisationsteil der Stunde die erste Seite des Buches vorgelesen und gemeinsam mit den Kindern angesehen.

Zwei Möglichkeiten:

1. Gemeinsam mit den Kindern werden Ideen gesammelt, wie man das Gesehene selbst umsetzen kann. **Diese Variante nimmt mehr Zeit in Anspruch und setzt innerhalb der Gruppe bereits viel kreatives Potenzial voraus!**
2. Die Umsetzung der Buchseite durch Improvisation wird vom ÜL den Kindern vorgegeben. **Diese Variante lässt sich schneller vermitteln und ist für die Kinder leichter umsetzbar!**

Anschließend wird die gelesene Seite mit den Kindern zur Musik tänzerisch in Bewegung umgesetzt (s. o. Kap. 1.1.1).

Nach der Improvisation kann maximal noch eine weitere Seite auf diese Weise in Bewegung umgesetzt werden.

Anschließend wird den Kindern vom ÜL erklärt, dass wir in der nächsten Stunde dann sehen wollen, wie es weitergeht. Für die heutige Stunde klappen wir das Buch zu und schauen, wie es nächste Woche weitergeht.
So kann dann Woche für Woche, Stunde für Stunde, das Buch mit jeder einzelnen Seite durchgearbeitet und mit Improvisation in tänzerische Bewegung umgesetzt werden. Wenn alle Seiten des Buches in tänzerische Bilder übersetzt wurden, können sie innerhalb einer Stunde zu der ganzen Geschichte zusammengefügt werden.

Daraus kann dann eine kleine Aufführung entstehen.

Aufgepasst!

Diese Arbeitsvariante hat den Vorteil, dass sie für die Kinder eine Spannung beinhaltet.
Wie mag die Geschichte nächste Woche weitergehen?
Das trifft natürlich noch mehr zu, wenn ein Buch ausgewählt wird, das für die Kinder unbekannt ist.
Das Buch „Raupe Nimmersatt“ kennen natürlich die meisten Kinder bereits.

1.2 Wie denke ich weiter?

Empfehlungen und Anregungen

Am Beispiel des bekannten Kinderbuches „Die Raupe Nimmersatt" habe ich in den vorherigen Teilkapiteln beschrieben, wie ein Bilderbuch in seinen Inhalten in Bewegung und Tanz übersetzt und anschließend für eine Aufführung umsetzbar gemacht werden kann.

Diese Vorgehensweise kann auf beliebig viele, unterschiedliche Kinderbücher und Bilderbücher bezogen werden. Auf diese Weise können viele unterschiedliche Bücher für den kreativen Unterricht von Kindern ab vier Jahren genutzt werden. Diese Arbeitsmethode lässt sich ebenfalls mit Büchern für Kinder im Grundschulalter anwenden.

Im Folgenden möchte ich noch weitere Anregungen zur tänzerischen Arbeit mit Kinderbüchern geben.

1.2.1 „Kleine Eule ganz allein"*

Kinder 4-6 Jahre

Dieses Buch ist textlich sehr einfach gehalten und ist ein klassisches Bilderbuch. Die Bilder des Buches sowie die Handlung sind sehr verständlich und klar. Die einfachen Bilder lassen sich gut in tänzerische Bewegung umsetzen bzw. zur tänzerischen Förderung der Kinder nutzen.

Die detaillierte Arbeitsmethode zur Umsetzung im Unterricht gleicht auch hier der Methodik in Kap. 1.1.1. Da die Vorgehensweise der bereits beschriebenen gleicht, gebe ich Ihnen an dieser Stelle nur einen beispielhaften Überblick zur Umsetzung.

* Quelle: Haughton, C. (2011). *Kleine Eule ganz allein.* Frankfurt am Main: FISCHER Sauerländer Verlag.

1)

Kleine Eule schläft, fällt aus dem Nest und kullert am Boden.

Improvisation:

- Schlafen mit geschlossenen Augen
- Am Boden rollen

2)

Kleine Eule trifft auf der Suche nach ihrer Mama das Eichhörnchen.

Improvisation:

- Eichhörnchen hüpfen durch den Raum etc.

3)

Kleine Eule sucht mit dem Eichhörnchen seine Mama – sie finden zuerst den Bären.

Improvisation:

- Alle Kinder sind Bären und bewegen sich langsam und behäbig.

4)

Kleine Eule sucht weiter mit dem Eichhörnchen – sie finden den Hasen.

Improvisation:

- Alle Kinder sind Hasen und hüpfen durch den Raum etc.

5)

Kleine Eule sucht weiter mit dem Eichhörnchen – sie finden den Frosch.

Improvisation:

- Alle Kinder sind Frösche und hüpfen durch den Raum.
- Wichtig ist, die Sprünge von Hase und Frosch unterschiedlich anzulegen!

6)

Der Frosch weiß, wo die richtige Mami ist. Sie finden die Mami der kleinen Eule.

Improvisation:

Zwei Möglichkeiten:

- Alle Kinder stellen „Fröhlichkeit" dar, indem sie durch den Raum hüpfen, springen, laufen, drehen etc.
- Alle Kinder stellen Eulen dar, die mit großen Flügelschlägen durch den Raum fliegen – die Flügel sind die Arme!

Im letzten Bild der Geschichte sitzen die Eulen mit Eichhörnchen und Frosch im Nest und essen Kekse.

Dieses Bild lässt sich schwer in Bewegung umsetzen!

Hierfür gibt es zwei Möglichkeiten:

1. Das letzte Bild wird noch zum Abschnitt 6) angefügt und vorgelesen.
2. Das letzte Bild wird einfach vorgelesen und der ÜL bringt ein paar Kekse mit, die dann gemeinsam am Ende der Stunde gegessen werden!

Aufgepasst!

Sollte dieses Buch mit der Umsetzung zu einer Aufführung gebracht werden, so könnte man zum letzten Bild auch Kekse von den mitwirkenden Kindern an das Publikum verteilen lassen!

Nehmen Sie sich einfach verschiedene Bilder- oder Vorlesebücher vor und schauen Sie diese unter dem Aspekt der Bewegungsfindung an.

Wichtige Aspekte:

- Ist die Handlung einfach und verständlich?
- Ist die Erzählung klar und einfach strukturiert?
- Liefert die Erzählung klare Bilder?
- Lassen sich diese Bilder gut in Bewegungen umsetzen?
- Lassen sich die Texte des Buches gut für einzelne Improvisationen auf- bzw. einteilen?
- Sind die Bilder, die in Bewegung umgesetzt werden sollen, vielfältig?

Mögliche Bilder für Bewegungssequenzen:

- Tiere aller Art;
- Märchenfiguren, wie Hexen, Zauberer, Zwerge, Riesen, Trolle, Prinzessinnen, Prinzen etc.;
- Naturgestalten, wie Bäume, Blätter, Winde, Regen, Wolken, Flüsse, Meere, Sonne, Mond, Sterne etc.;

- Kinder mit bestimmten Fähigkeiten oder Erlebnissen;
- Tätigkeiten, wie mit einem Ball spielen, Sportarten, spazieren gehen, mit dem Roller fahren, mit dem Auto fahren, mit dem Flugzeug fliegen etc.;
- Gefühlszustände, wie Traurigkeit, Fröhlichkeit, Wut, Ängstlichkeit etc.

Lassen Sie beim Lesen und Schauen ihrer Fantasie freien Lauf!

Buchempfehlungen

4-6 Jahre (auch noch ab sechs Jahren möglich!)

- Baeten, Lieve (2003, 4. Auflage). *Die neugierige kleine Hexe.* Hamburg: Oetinger Verlag.

6-8 Jahre (auch noch ab acht Jahren möglich!)

- Ende, Michael (2008). *Ophelias Schattentheater.* Stuttgart: Thienemann Verlag.

Meine Empfehlung

Schauen Sie doch immer mal bei Antiquariaten vorbei und stöbern Sie dort in den Kisten mit alten Bilderbüchern. Hier tun sich mitunter wahre Schatzkisten auf! Oft findet man hier beim Stöbern die schönsten Bilderbücher zur tänzerischen Umsetzung und das für wenig Geld.

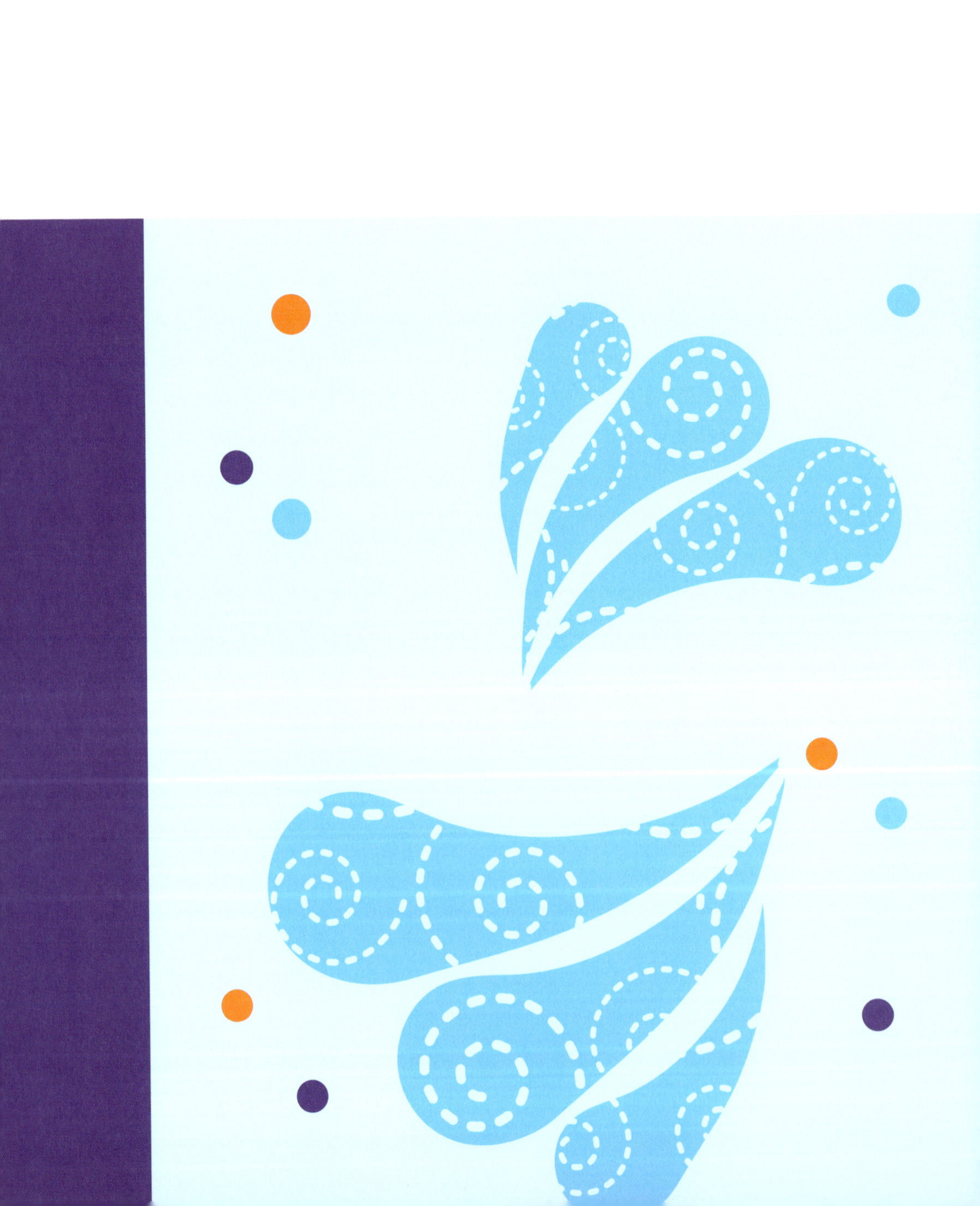

KAPITEL 2

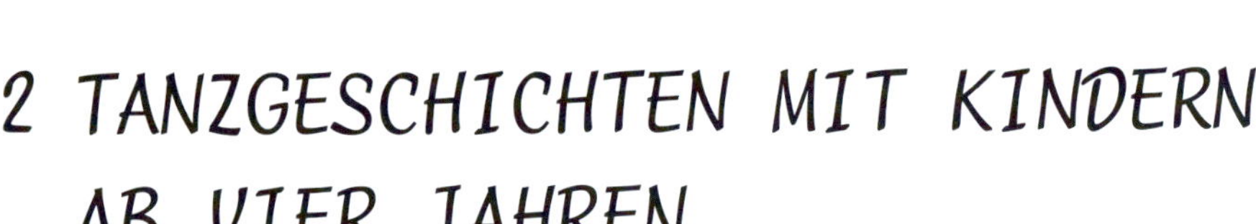

2 TANZGESCHICHTEN MIT KINDERN AB VIER JAHREN

In diesem Kapitel stelle ich vier verschiedene Geschichten vor. Jede Geschichte ist in ihrem Inhalt und Aufbau so konzipiert, dass alle Anteile in tänzerische Bilder übersetzt werden können. Dadurch lassen sich die inhaltlichen Bilder durch Improvisation mit den Kindern in kreative Bewegungssequenzen umsetzen.

Setzt man die einzelnen, gefundenen Bewegungsbilder durch dramaturgische Verbindungsglieder zusammen, so kann aus der Geschichte ein kleines Tanztheaterstück für eine Aufführung entstehen. In den einzelnen Teilkapiteln werden zu den jeweiligen Geschichten detaillierte Anleitungen zum Aufbau, Improvisation, Anleitung, Unterricht und Strukturierung für eine Aufführung gegeben.

2.1 „Fräulein Frühling und die Blumenelfen"

Eine Tanzgeschichte für Kinder von 3-6 Jahren

In diesem Teilkapitel wird eine Tanzgeschichte vorgestellt, deren Inhalt einfach in tänzerische Sequenzen übersetzbar ist. Die Geschichte gliedert sich in insgesamt acht Abschnitte. Die erzählten Abschnitte werden von einem Erzähler oder einer Erzählerin vorgetragen.

Dazwischen finden Sie die tänzerischen Improvisationseinheiten, die mit Musik in die Erzählung hineingesetzt werden. Die einzelnen Anleitungen zur genauen Umsetzung und die Gliederung der Unterrichtseinheiten finden Sie im Anschluss an die Geschichte.

2.1.1 Die Geschichte und die Improvisation

Erzähler

Fräulein Frühling lebte in einem wunderschönen Schloss, umgeben von einem herrlichen, großen Garten.

Wenn man durch diesen Garten ging, hätte man nicht sagen können, wo er anfing und wo er aufhörte. So groß war er.

Und ihr müsst nicht denken, er hätte so ausgesehen wie die Gärten, die ihr kennt. Mit geraden Rasenflächen und Blumenbeeten. Nein, in dem Garten von Fräulein Frühling durfte alles so wachsen, wie es wollte. Alle Blumen und Bäume, alle Kräuter und Gräser wuchsen und wuchsen, wie es ihnen einfiel. Und so war der Garten von Fräulein Frühling natürlich sehr wild und dicht und wunderschön.

Improvisationsbild 1) „Der Garten"

- Die Musik wird eingespielt (fließende, schwingende Musik – Klassik).
- Alle Kinder improvisieren Pflanzen/Blumen/Bienen/Käfer etc. – sie bewegen sich frei durch den Raum mit Drehungen, Sprüngen, laufend, hüpfend, schwebend, fliegend.

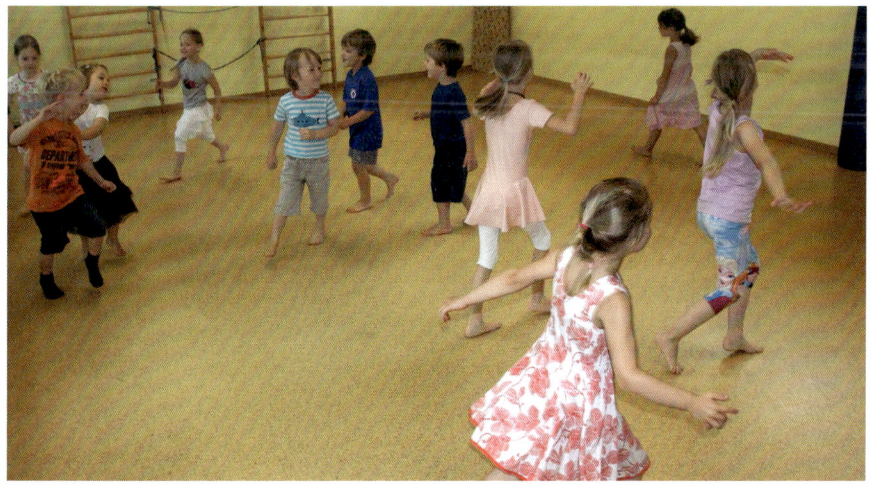

Erzähler

Wenn es an der Zeit war und alle Blumen, Bäume, Kräuter und Gräser besonders schön blühten, dann ging Fräulein Frühling durch ihren Garten und atmete die Luft ganz tief ein. Sie atmete den Duft und den Zauber ihrer Pflanzen ein und behielt ihn bei sich.

Dann ging sie an das große Tor am Ende ihres Gartens und pustete die ganze Luft mit einem großen Seufzer hinaus in die Welt. Und das war dann die Zeit, in der bei uns Menschen auf der Welt der Frühling beginnt.

So machte es Fräulein Frühling Jahr für Jahr, damit es in der Welt Frühling werden konnte.

In der Zeit dazwischen tanzte sie durch ihren Garten, kümmerte sich um ihre Pflanzen und plauderte mit ihren Blumenelfen.

Schauen wir ihr doch dabei ein wenig zu.

Improvisationsbild 2) „Fräulein Frühling geht spazieren"

- Musik wird eingespielt (fließend, tragend, eventuell Dreivierteltakt – Klassik).
- Alle Kinder bewegen sich frei durch den Raum:
  - schreitender Gang,
  - gestreckte Füße,
  - aufrechte, gerade Körperhaltung,
  - ab und zu auf Zehenspitzen gehen, um etwas zu betrachten,
  - lang gezogene, gestreckte Wirbelsäule,
  - auch Drehungen und kleine Sprünge sind möglich,
  - etc.

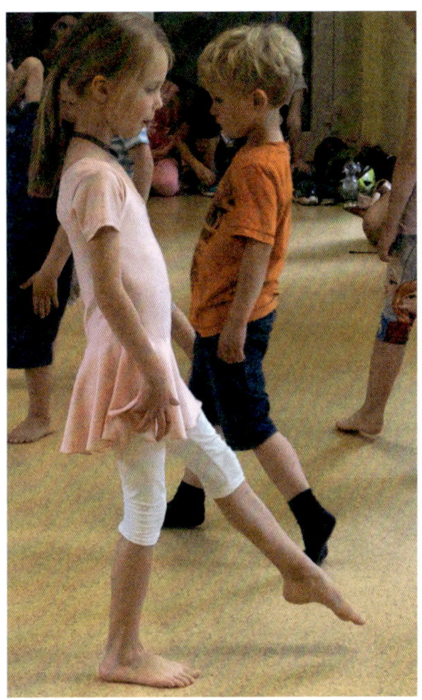
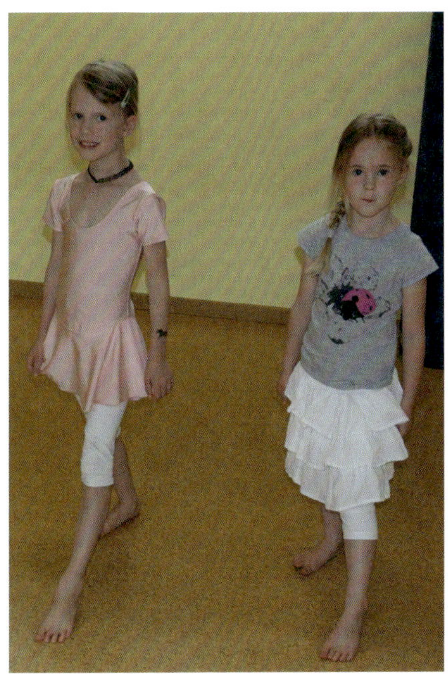

Erzähler

Die Blumenelfen lebten nämlich in ihren Blumen und sorgten dafür, dass diese gut wachsen und blühen konnten.

Zum Dank für ihre Hilfe gab Fräulein Frühling ihren Blumenelfen jedes Jahr ein großes Fest. Mit Musik und Tanz und vielen köstlichen Speisen.

Wir wollen uns die Blumenelfen nun mal genauer ansehen.

Improvisationsbild 3) „Die Blumenelfen"

- Die Musik wird eingespielt – beschwingte Musik im Viervierteltakt – Klassik).
- Alle Kinder bewegen sich frei im Raum:
  - schwebend, fliegend,
  - mit Drehungen,
  - wiegende, beschwingte Schritte,
  - ab und zu das Bild, auf einer Blume zu landen,
  - etc.

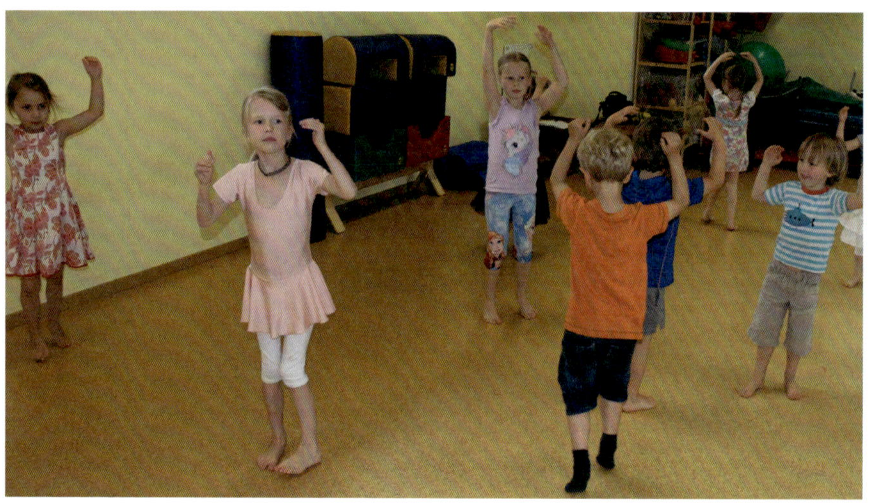

Erzähler

Eines Tages ging Fräulein Frühling hinaus in ihren Garten zu ihren Blumenelfen.

„Meine lieben Blumenelfen", sagte Fräulein Frühling, „morgen möchte ich für euch das große Tanzfest geben. Hier in unserem Garten. Die Bienenband wird Musik machen und die Kräuterzwerge bereiten das Essen zu. Ich freue mich, wenn ihr alle dabei seid und wir einen schönen Abend miteinander verbringen können!"

Damit ging sie wieder zurück in ihr Schloss.

Szenischer Einschub für Aufführung

Auftritt Fräulein Frühling während der Erzähler spricht – im Hintergrund

Fräulein Frühling kommt herein und alle Blumenelfen bleiben stehen (einfrieren).
Ohne Musik!
Sie untermalt den folgenden Text des Erzählers nonverbal, ausschließlich mit Gesten!

Szenischer Einschub für Aufführung

Auftritt Fräulein Frühling

Sie geht ohne Musik von der Bühne ab.
Die Blumenelfen bleiben verharrend an ihrem Platz.

Erzähler

Alle Blumenelfen freuten sich auf das Fest und redeten wild durcheinander. Nur eine kleine Elfe, die Veilchenelfe, saß ganz still und traurig am Rand auf einem Grashalm.

Die Rosenelfe, die Schönste und Größte unter den Blumenelfen, sah die Veilchenelfe und ging zu ihr hinüber.

„Was ist mit dir, Veilchenelfe? Warum bist du so traurig?"
„Weil ich nicht tanzen kann!", antwortete die Veilchenelfe niedergeschlagen.
„Ach, jeder kann doch tanzen! Du musst dich nur trauen!"
„Aber ich traue mich nicht", schluchzte da die Veilchenelfe, „ich habe Angst, dass alle über mich lachen werden."
„Ich werde mir etwas einfallen lassen", versprach die Rosenelfe.

Improvisationsbild 4) „Aufregung und die traurige Veilchenelfe"

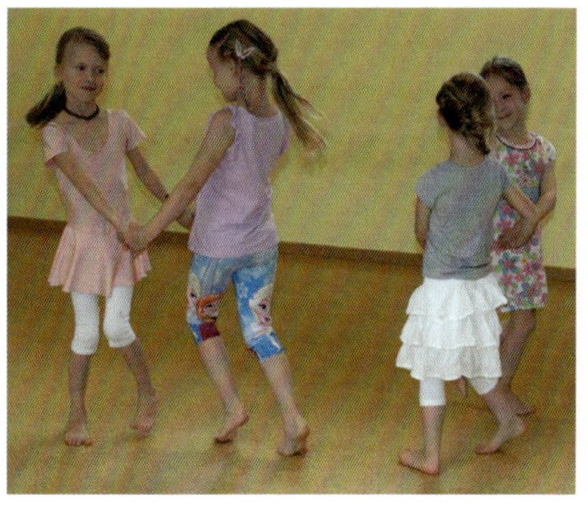

- Musik wird eingespielt – schnelle, fröhliche Musik im Viervierteltakt – Klassik, Folklore.
- Alle Kinder bewegen sich frei im Raum:
  - tanzend, fröhlich, schnell,
  - eventuell zu zweit an den Händen gefasst im Kreis tanzend.

- Am Rand oder in der Mitte sitzt die Veilchenelfe allein und traurig – Kontrast zu den anderen, tanzenden Kindern!

Erzähler

Die Rosenelfe hatte tatsächlich schon eine Idee. Sie kannte einen der Kräuterzwerge, der durch seine Kräuter kleine Zaubereien bewirken konnte.

Vielleicht wusste er ja ein Mittel gegen die Angst der Veilchenelfe. Sie wollte gleich zu ihm gehen und ihn um Rat fragen.

Wir wollen sie zu den Kräuterzwergen begleiten.

Improvisationsbild 5) „Die Kräuterzwerge"

- Die Musik wird eingespielt (schnelle, zackige Musik – Klassik/Folklore).
- Alle Kinder bewegen sich frei im Raum:
  - schnelles Gehen mit klaren Richtungswechseln,
  - geschäftiges, „fleißiges" Treiben,
  - immer wieder stoppen, um eine imaginäre Tätigkeit auszuführen etc.

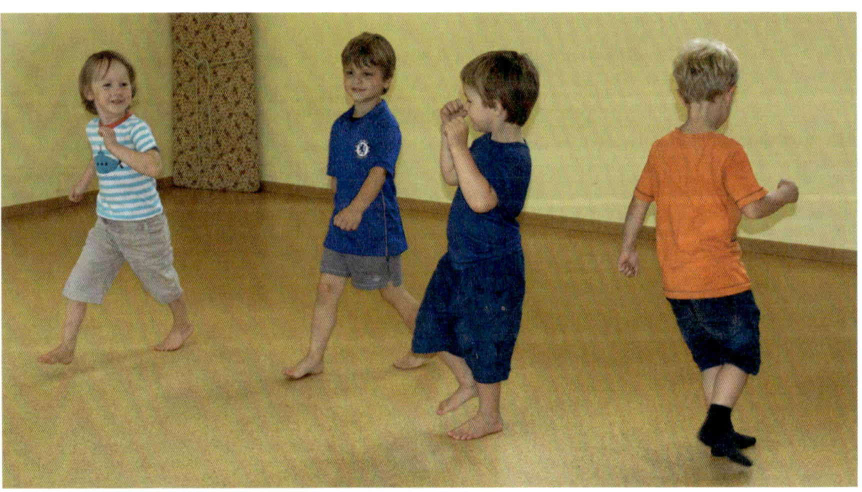

Erzähler

Das große Fest begann und alle Blumenelfen tanzten und sprangen herum.

Die Veilchenelfe saß schüchtern am Rand und beobachtete das bunte Treiben. Sie hätte so gerne mitgemacht, aber sie traute sich einfach nicht. Alle Blumenelfen tanzten zu der herrlichen Musik der Bienenband und zwischendurch aßen sie von den Köstlichkeiten, die die Kräuterzwerge aufgetischt hatten.

Schaut, wie herrlich es dort zugeht.

Improvisationsbild 6) „Das Elfenfest"

- Die Musik wird eingespielt (fröhliche, beschwingte Musik – Klassik/Folklore etc.).
- Alle Kinder bewegen sich frei durch den Raum.
- Freies Tanzen mit Drehungen, Sprüngen etc.

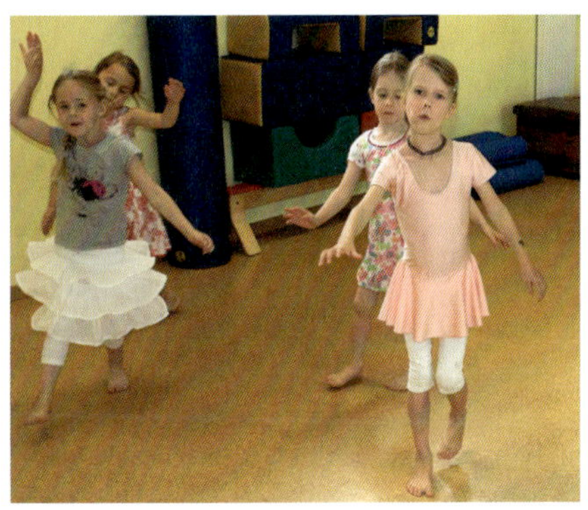

Erzähler

Der Kräuterzwerg, den die Rosenelfe um Hilfe gebeten hatte, hatte ihr tatsächlich helfen können.

Er hatte einen Kräuterstrauß gebunden, der nur für die Veilchenelfe bestimmt war. In ihm steckte das Mutkraut.

Wenn man seinen Duft einatmet, dann wird man kräftiger und mutiger. Diesen kleinen Strauß sollte die Rosenelfe der Veilchenelfe als Geschenk bringen. Vielleicht, so hatte der Kräuterzwerg gesagt, würde der Duft des Mutkrautes ihr helfen können.

Mit diesem Strauß kam nun die Rosenelfe zu der kleinen, schüchternen Veilchenelfe.

Die freute sich sehr darüber und steckte ihn sogleich an den Träger ihres Kleides.

Szenischer Einschub

Die Rosenelfe geht nonverbal zur Veilchenelfe und gibt ihr einen kleinen Strauß.
Diese steckt ihn sich an ihr Kleid. Die Rosenelfe geht wieder ab!
Ohne Musik!

Erzählen

Im selben Moment spielte die Bienenband ein wunderschönes Lied. Die Veilchenelfe lauschte der Musik, lächelte und atmete vor Freude ganz tief durch.

In dem Augenblick fühlte sie sich plötzlich wunderbar fröhlich und stark. Ohne viel darüber nachzudenken, sprang sie auf und begann zu tanzen.

Sie tanzte wie verzaubert durch den Garten und bemerkte gar nicht, dass die anderen Elfen vor Bewunderung aufgehört hatten zu tanzen. Alle sahen der kleinen Veilchenelfe bei ihrem schönen Tanz zu.

Sie selbst fühlte sich großartig und wollte nie wieder aufhören zu tanzen.

Seht selbst!

Improvisationsbild 7) „Die Veilchenelfe tanzt"

- Die Musik wird eingespielt – fröhliche, beschwingte Musik im Vierviertelaktakt oder auch im Dreivierteltakt – Klassik/Folklore etc.
- Alle Kinder bleiben stehen und schauen.
- Nur die Veilchenelfe tanzt allein – eine Art Solo für ein Kind, das sich traut!

MUSIK STOPPT!

Szenischer Einschub

- Die Veilchenelfe bleibt abrupt stehen – Stille für einen kurzen Moment.
- Nach einer kurzen, stillen Pause beginnen die Kinder, der Veilchenelfe plötzlich Applaus zu geben.
- Fräulein Frühling kommt zu ihr und verbeugt sich vor ihr.

Erzähler

Die kleine Veilchenelfe konnte es kaum glauben. Es hatte so großen Spaß gemacht zu tanzen. Keiner hatte über sie gelacht und es war überhaupt nicht schlimm gewesen.

„Du warst sehr mutig, kleine Veilchenelfe", sagte die Rosenelfe zu ihr, „und nun hast du gesehen, dass wirklich jeder tanzen kann – auch du! Tanzen ist das Schönste, was es gibt, man muss sich nur trauen!"

Und so tanzten die Blumenelfen noch bis tief in die Nacht hinein – allen voran natürlich die kleine Veilchenelfe. Sie brauchte nie wieder das Mutkraut, um zu tanzen und bis heute schickt uns Fräulein Frühling mit der Hilfe ihrer Blumenelfen jedes Jahr den Frühling auf die Erde.

Improvisationsbild 8) „Finale“

- Musik wird eingespielt – EMPFEHLUNG: „SCHÖNE NEUE WELT“ PETER FOX INSTRUMENTAL!
- Alle Kinder tanzen gemeinsam eine vorgegebene Choreografie als Ensemble!

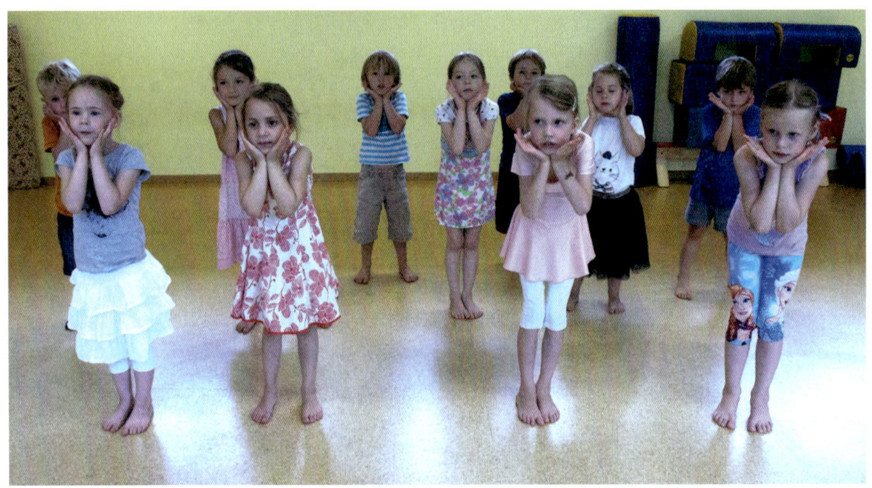

ENDE

2.1.2 Anleitung der Unterrichtseinheiten

Übersicht der acht Abschnitte:

1) „Der Garten"

2) „Fräulein Frühling geht spazieren"

3) „Die Blumenelfen"

4) „Aufregung und traurige Veilchenelfe"

5) „Die Kräuterzwerge"

6) „Das Elfenfest"

7) „Die Veilchenelfe tanzt"

8) „Finale"

Der szenische Einschub „Auftritt/Abgang Fräulein Frühling" gehört dabei zu Bild 3! Der szenische Einschub „Rosenelfe bringt den Strauß" gehört zum Text 7 des Erzählers (s. „Die Geschichte mit Regieanweisungen im Überblick").

Der szenische Einschub „Beifall für die Veilchenelfe" gehört dabei zu Bild 7!

Zunächst müssen die Einzelrollen an entsprechende Kinder verteilt werden. Dabei empfiehlt es sich, die Kinder selbst bzw. nach „Freiwilligen" zu fragen. Oft gibt es Kinder, die unbedingt solche Rollen übernehmen möchten und andere, die sich so etwas nicht zutrauen und sich zurückhalten.

Rollen

- Fräulein Frühling
- Rosenelfe
- Veilchenelfe
- Eventuell der Kräuterzwerg

Die Kinder, die diese Rollen übernehmen, sollten keine Hemmungen haben, alleine auf der Bühne bzw. Tanzfläche zu stehen! Auch der Part des Erzählers bzw. der Erzählerin kann von einem der Kinder übernommen werden. Hier sollte das Kind allerdings über eine klare und deutliche Stimme und Aussprache verfügen.

Diese Rolle kann auch von Ihnen als Übungsleitung übernommen werden!

Bevor mit der tänzerischen und szenischen Umsetzung der Geschichte begonnen wird, sollte die Geschichte den Kindern einmal komplett vorgelesen werden. Ebenso sollten Sie die gesamte Musik für die Umsetzung der Geschichte im Vorfeld ausgesucht haben.

Im Anschluss können die acht Abschnitte der Geschichte in ebenfalls acht Unterrichtseinheiten aufgeteilt werden. Diese Abschnitte können wie folgt innerhalb der Improvisationseinheiten der Stunde in den wöchentlichen Unterricht integriert werden:

Unterrichtseinheit 1) „Der Garten"

- Der Übungsleiter wiederholt mit den Kindern den ersten Abschnitt der Geschichte – eventuell kann bereits ein ausgewähltes Kind diesen Abschnitt vorlesen oder vortragen.
- Der Übungsleiter bespricht mit den Kindern zunächst, was in einem solchen Garten alles zu finden sein kann.
- Dann geht er mit den Kindern in die Improvisation:

Kommando

„Wir verwandeln uns jetzt in alles, was uns eingefallen ist. In einen großen Garten voller Blumen, Käfer, Schmetterlinge und Vögel. Ihr könnt euch aussuchen, in welches Lebewesen aus diesem Garten ihr euch verwandeln möchtet. Wenn die Zaubermusik beginnt, verwandelt ihr euch."

Fokus

Der tänzerische Fokus sollte hierbei auf der freien Bewegung der Kinder zur Musik liegen. Dabei kann die Durchführung von fließenden, schwungvollen Bewegungsqualitäten geschult werden.

- Die Musik setzt ein und die Kinder können sich frei im Raum bewegen und die verschiedenen Bilder ausprobieren.
- Der Übungsleiter sollte ebenfalls in die Improvisation mit hineingehen und so den Kindern Anregungen für Bewegungen geben!
- Der Übungsleiter beendet die Improvisation, indem er die „Zaubermusik" ausblendet und die Kinder wieder zusammenholt.
- Nun werden verschiedene Bewegungsarten, die ausprobiert wurden, gemeinsam zusammengetragen, z. B. die Blumen wiegen sich im Wind, die Vögel fliegen, die Schmetterlinge fliegen und die kleinen Marienkäfer krabbeln am Boden.
- Zu jedem dieser Bilder werden nun die entsprechenden Bewegungsarten entworfen und mit den Kindern festgelegt.
- Jedes Kind bekommt nun eines dieser Bilder, samt den dazugehörigen Bewegungsarten, zugewiesen, sodass es später bei der Aufführung weiß, was es zu tun hat!
- Im Anschluss wird diese Improvisation zur gleichen Musik wiederholt.

Die erste Unterrichtseinheit zum Improvisationsbild 1) ist damit abgeschlossen und es kann mit dem nächsten Abschnitt des Unterrichts fortgefahren werden.

Unterrichtseinheit 2) „Fräulein Frühling geht spazieren"

- Der Übungsleiter wiederholt mit den Kindern den nächsten Abschnitt der Geschichte bzw. ein Kind liest ihn vor.
- Der Übungsleiter bespricht mit den Kindern, wie Fräulein Frühling sich wohl bewegen könnte.
- Anschließend geht er mit den Kindern in die Improvisation:

Kommando

„Jetzt verwandeln wir uns alle in ‚Fräulein Frühling' und probieren aus, wie sie durch ihren Garten spaziert. Dabei macht sie richtig schöne, lange Füße, hält ihr Kleid hoch und macht sich ganz groß und gerade. Wenn die Zaubermusik beginnt, verwandelt ihr euch!"

Fokus

Der tänzerische Fokus sollte hierbei auf der Durchführung schreitender, langsamer Gangarten liegen. Ebenso sollte die Streckung der Füße sowie die gerade Ausrichtung von Halswirbelsäule und Rumpf gefördert werden.

- Die Musik beginnt und die Kinder dürfen sich frei im Raum bewegen.
- Alle gehen schreitend, langsam, tragend durch den Raum, wobei der Fokus darauf liegt, mit gestreckten Füßen zu gehen und die Wirbelsäule sowie Halswirbelsäule in die Länge nach oben zu ziehen.
- **Der Übungsleiter geht mit in die Improvisation hinein.**
- Er beendet die Improvisation, indem er die „Zaubermusik" ausblendet und die Kinder zusammenholt.
- Die ausgeführten Bewegungsarten bzw. in diesem Fall „Gangarten" werden mit den Kindern noch einmal rekapituliert und einzelne Schritte und Gesten festgelegt, sodass die Kinder nun genau wissen, was sie zu dieser Musik zu tun haben.
- Die Improvisation wird zur gleichen Musik wiederholt.

Die zweite Unterrichtseinheit zum Improvisationsbild 2) ist damit abgeschlossen und es kann mit dem nächsten Abschnitt des Unterrichts weitergemacht werden.

Unterrichtseinheit 3) „Die Blumenelfen"

- Der Übungsleiter wiederholt mit den Kindern den nächsten Abschnitt der Geschichte bzw. ein Kind liest ihn vor.
- Der Übungsleiter bespricht gemeinsam mit den Kindern, wie die Elfen sich bewegen und was sie alles können.
- Anschließend geht er mit den Kindern in die Improvisation:

Kommando

„Wenn die Zaubermusik beginnt, verwandeln wir uns alle in die Blumenelfen und probieren aus, was die alles können und machen.

Die können bestimmt ganz toll tanzen und fliegen. Die sind sicher ganz federleicht, wenn sie losfliegen und sich bewegen – mal sehen, was da alles passieren kann. Wenn die Zaubermusik beginnt, werdet ihr zu den Blumenelfen!"

Fokus

Der tänzerische Fokus sollte hierbei auf der Durchführung fließender tänzerischer Bewegungsabläufe liegen. Drehungen sowie kleine Sprünge sollten ebenfalls eingebaut und geübt werden.

- Die Musik wird eingespielt und die Kinder bewegen sich frei im Raum.
- Die Kinder dürfen tanzen, wie sie möchten – sich drehen, hüpfen, springen etc.
- **Der Übungsleiter sollte mit in die Improvisation hineingehen.**
- Der Übungsleiter beendet die Improvisation, indem er die Musik leiser stellt und die Kinder zusammenholt.

- Alle zusammen erinnern noch einmal, was für Bewegungsarten eben durchgeführt wurden und dann werden gemeinsam mit den Kindern 3-4 dieser Bewegungen herausgenommen und festgelegt – z. B.: eine Drehung, ein kleiner Hüpfer oder Sprung, ein „Laufstil und ein Wiegeschritt o. Ä.
- Die Kinder können dann aus diesen 3-4 Bewegungsarten auswählen, was sie machen möchten.
- Die Improvisation wird noch einmal wiederholt.

Die dritte Unterrichtseinheit zum Improvisationsbild 3) ist damit abgeschlossen und es kann mit dem nächsten Abschnitt des Unterrichts weitergemacht werden.

Aufgepasst!

Der szenische Einschub „Auftritt/Abgang Fräulein Frühling" wird erst bei der späteren Zusammensetzung der einzelnen Improvisationsbilder eingefügt.

Unterrichtseinheit 4) „Aufregung und die traurige Veilchenelfe"

- Der Übungsleiter geht mit den Kindern den nächsten Abschnitt der Geschichte noch einmal durch.
- Anschließend wird mit den Kindern besprochen, was die Elfen alles machen könnten, wenn sie so aufgeregt sind.
- **Hier muss nun auch die Rolle der Veilchenelfe festgelegt werden und diese muss inmitten der anderen tanzenden, improvisierenden Kinder traurig und ruhig sitzen.**
- **Anschließend geht der Übungsleiter mit den Kindern in die Improvisation.**

Kommando

„Jetzt dürfen alle Kinder ausprobieren, was die Elfen alles machen, wenn sie so aufgeregt sind. Sie laufen alle sicher durcheinander, vielleicht flüstern sie sich auch etwas zu oder üben schon ein bisschen zu tanzen. Die Veilchenelfe sitzt hier in der Mitte und ist ganz traurig und bewegt sich gar nicht. Wenn die Zaubermusik gleich beginnt, verwandelt ihr euch – mal sehen, was passiert!"

Fokus

Der tänzerische Fokus sollte auf der Ausführung schneller, rhythmischer Bewegungsabläufe liegen. Ebenso soll die Lust der Kinder an schauspielerischer Darstellung gefördert werden.

- Die Musik wird eingespielt und die Kinder bewegen sich frei im Raum.
- Sie dürfen wild durcheinander laufen, hüpfen, springen, toben, tanzen und sich auch immer wieder etwas zuflüstern und kichern etc.
- **Der Übungsleiter sollte in die Improvisation mit hineingehen.**
- Die Improvisation wird beendet, indem die Musik endet und die Kinder zusammengeholt werden.
- Der Übungsleiter rekapituliert mit den Kindern die einzelnen Bewegungsarten und er filtert 3-4 Bewegungsarten mit den Kindern heraus, die dann noch einmal besprochen und festgelegt werden.
- Die Kinder können nun zwischen diesen 3-4 Bewegungsarten wählen.
- Die Improvisation wird nun noch einmal mit diesen festgelegten Bewegungen wiederholt.

Die vierte Unterrichtseinheit zum Improvisationsbild 4) ist damit abgeschlossen und es kann mit dem nächsten Teil des Unterrichts angeschlossen werden.

Unterrichtseinheit 5) „Die Kräuterzwerge"

- Der Übungsleiter geht mit den Kindern den nächsten Abschnitt der Geschichte noch einmal durch.
- Der Übungsleiter bespricht mit den Kindern, was die Kräuterzwerge so alles machen und wie sie sich bewegen könnten: „Gehen sie schnell oder langsam?" „Haben sie es wohl vielleicht immer eilig und haben sie viel zu tun?" etc.
- Anschließend gehen sie in die Improvisation.

Kommando

„Jetzt verwandelt ihr euch alle in die lustigen Kräuterzwerge. Die haben es tatsächlich immer sehr eilig und haben immer jede Menge Arbeit! Die laufen immer hin und her und immer in verschiedene Richtungen. Manchmal bleiben sie plötzlich stehen und müssen wieder an ihren Kräuterbeeten arbeiten. Mal sehen, was die noch so alles machen. Wenn die Zaubermusik gleich losgeht, könnt ihr loslegen!"

Fokus

Der tänzerische Fokus sollte hierbei auf dem Verinnerlichen von Raumrichtungen liegen – **DER RAUMWAHRNEHMUNG!** Abrupte Richtungsänderungen gehören ebenso dazu, wie plötzliches Stoppen im Gang. Eine ganzheitliche Erwärmung des Körpers ist gewährleistet.

- Die Musik wird eingespielt und die Kinder bewegen sich frei im Raum.
- Sie sollen sich im schnellen Gang durch den Raum bewegen und dabei auf die anderen Kinder im Raum achten, sowie auf die Raumrichtungen, in denen sie sich bewegen. Die Kinder sollen sich eilig bewegen und plötzliche Stopps einbauen, bei denen sie sich zum Boden wenden, um dort eine imaginäre Arbeit zu verrichten etc.
- Der Übungsleiter sollte mit in die Improvisation hineingehen.

- Die Improvisation wird beendet, indem die Musik ausgeblendet wird und die Kinder zusammengeholt werden.
- Der Übungsleiter geht gemeinsam mit den Kindern die improvisierten Bewegungsarten durch und 3-4 dieser Abläufe werden herausgefiltert, gemeinsam wiederholt und festgelegt.
- Die Kinder können nun zwischen diesen festgelegten Bewegungsarten auswählen.
- Die Improvisation wird nun noch einmal wiederholt.

Die fünfte Unterrichtseinheit zum Improvisationsbild 5) ist damit abgeschlossen und es kann mit dem nächsten Abschnitt des Unterrichts begonnen werden.

Unterrichtseinheit 6) „Das Elfenfest"

- Der Übungsleiter geht mit den Kindern den nächsten Abschnitt der Geschichte noch einmal durch.
- Der Übungsleiter bespricht mit den Kindern, was auf dem Elfenfest alles passieren könnte und wie die Blumenelfen sich bewegen etc.
- Anschließend gehen sie in die Improvisation.

Kommando

„Heute verwandeln wir uns jetzt noch einmal in die Blumenelfen – die waren wir ja schon einmal! Aber heute haben wir dann wunderschöne Kleider an und tanzen auf dem großen Fest. Vielleicht essen und trinken sie zwischendurch auch mal oder tuscheln ein bisschen miteinander. Mal sehen, was uns so alles als Blumenelfen auf dem Fest passiert. Wenn die Zaubermusik startet, könnt ihr loslegen."

Fokus

Der tänzerische Fokus liegt hierbei ausschließlich auf der freien, tänzerischen Bewegung der Kinder, mit fließenden, schwingenden Bewegungen, sowie auf der Freude am darstellenden Spiel.

- Die Musik wird eingespielt und die Kinder bewegen sich frei im Raum.
- Sie dürfen frei tanzen, springen, drehen etc.
- Der Übungsleiter sollte in die Improvisation mit hineingehen.
- Die Improvisation wird beendet, indem die Musik leiser gedreht wird und die Kinder zusammengeholt werden.
- Nun werden gemeinsam mit den Kindern die Bewegungen und Schritte der Improvisation rekapituliert.
- 3-4 Bewegungsabläufe und/oder Darstellungen werden dann herausgefiltert, noch einmal besprochen und festgelegt.
- Die Kinder können nun zwischen diesen 3-4 Elementen wählen.
- Die Improvisation wird nun wiederholt.

Die sechste Unterrichtseinheit zum Improvisationsbild 6) ist damit abgeschlossen und es kann mit dem nächsten Abschnitt des Unterrichts fortgefahren werden.

Unterrichtseinheit 7) „ Die Veilchenelfe tanzt"

- Der Übungsleiter geht mit den Kindern den nächsten Abschnitt der Geschichte durch.
- Die Rolle der Veilchenelfe steht hier nun im Vordergrund.
- Die Rolle des Fräulein Frühlings kommt ebenso zum Tragen.
- **Dies ist keine Improvisation mit allen Kindern, sondern das Einstudieren dieses Bildes!**
- Der Übungsleiter verteilt die Kinder im Raum.
- Alle Kinder bleiben still stehen und die Veilchenelfe geht in die tänzerische Improvisation.

Kommando

„Wenn die Zaubermusik jetzt gleich beginnt, dann bleiben alle anderen Blumenelfen ganz still stehen. Nur die Veilchenelfe beginnt zu tanzen. Wenn die Zaubermusik endet, dann hörst du sofort auf zu tanzen und wenn ich das Zeichen gebe, dann dürfen die anderen Blumenelfen ganz toll klatschen und jubeln."

Fokus

Hierbei liegt der Fokus ausschließlich auf dem darstellenden Spiel.

- Das tänzerische Bild beginnt, wenn die Musik einsetzt.
- Alle anderen Kinder verharren in ihrer Position und die Veilchenelfe tanzt allein auf der Fläche.
- Der Übungsleiter stoppt nach einer bestimmten Zeit die Musik und die Veilchenelfe bleibt stehen, wie erwacht aus einem Traum.
- Auf ein Handzeichen des Übungsleiters – also nach einer sehr kurzen Pause in Stille – beginnen die anderen Kinder zu applaudieren und zu jubeln.
- Fräulein Frühling geht durch die anderen Kinder hindurch zur Veilchenelfe und verbeugt sich vor ihr.
- Dieses Bild sollte nun noch 2-3-mal wiederholt werden.

Die siebte Unterrichtseinheit zum Improvisationsbild 7) ist damit abgeschlossen und es kann mit dem nächsten Abschnitt des Unterrichts weitergemacht werden.

Unterrichtseinheit 8) „ Das Finale"

- Der Übungsleiter geht mit den Kindern den nächsten und letzten Abschnitt durch.
- Dieses Bild besteht ausschließlich, im Anschluss an den Text des Erzählers, aus einer gemeinsamen Choreografie.
- Diese Unterrichtseinheit bezieht sich auf die Einstudierung der Choreografie und wird nicht mehr improvisiert!

Innerhalb dieser Unterrichtseinheit wird nicht mehr mit den Kindern in die freie Improvisation gegangen, aus der heraus die festgelegten Anteile entstehen. Hier wird eine vom Übungsleiter vorgegebene Choreografie mit den Kindern einstudiert.

Daher kann sich diese Unterrichtseinheit auf 3-4 Tanzstunden ausweiten!

Jede Woche sollte ein weiteres Element der Choreografie eingeübt und wiederholt werden. Die Stundenzahl bzw. Dauer der Einstudierung hängt dabei vom Schwierigkeitsgrad der Choreografie ab.

Die Choreografie kann so einfach gestaltet sein, dass sie innerhalb einer Unterrichtsstunde einstudiert werden kann!

2.1.3 Arbeitsmodell für eine Aufführung

Rollen

- Erzähler
- Fräulein Frühling
- Veilchenelfe
- Rosenelfe
- Kräuterzwerg

Stückablauf

BEGINN/ERZÄHLER 1)

Der Erzähler betritt die Bühne. Er stellt sich vor und begrüßt das Publikum. Der Erzähler trägt den ersten Abschnitt der Geschichte vor.

WECHSEL AUF

Improvisationsbild 1) „Der Garten"

Die Musik setzt ein. Die Kinder kommen auf die Bühne. Es beginnt ein buntes Treiben auf der Bühne zur Musik.

Die Kinder haben einzelne Rollen zugeteilt bekommen, die zum Garten gehören, wie:

- Bienen,
- Schmetterlinge,
- Käfer,
- Blumen,
- etc.

Die Kinder bewegen sich frei zur Musik.

WECHSEL AUF ERZÄHLER 2)

Die Musik endet und alle Kinder „frieren" ein. Die Szenerie auf der Bühne erscheint wie ein Bild.

Der Erzähler taucht wieder an einer anderen Stelle der Fläche auf und spricht den nächsten Abschnitt der Geschichte.

WECHSEL AUF

Improvisationsbild 2) „Fräulein Frühling geht spazieren"

Die Figur „Fräulein Frühling" spaziert nun durch das „Standbild" auf der Bühne. Überall, wo sie vorbeigeht, erwachen die Kinder zum Leben – die Blumen, die Schmetterlinge etc. Alle begrüßen und verneigen sich vor Fräulein Frühling. Auch sie begrüßt ihre „Untertanen" mit einem Kopfnicken.

WECHSEL AUF ERZÄHLER 3)

Die Musik endet. Fräulein Frühling geht zum seitlichen Bühnenrand, wo ein Stuhl/Hocker steht und setzt sich dort hin. Die übrigen Kinder gehen von der Bühne ab.

Der Erzähler taucht wieder an einer anderen Stelle der Fläche auf und spricht den nächsten Abschnitt der Geschichte.

WECHSEL AUF

Improvisationsbild 3) „Die Blumenelfen"

Eine beschwingte Musik setzt ein. Der Erzähler begibt sich zu Fräulein Frühling, die immer noch auf ihrem seitlichen Stuhl sitzt. Die übrigen Kinder tanzen als Blumenelfen herein. Sie tanzen beschwingt, mit leichten, schwebenden Bewegungen über die Bühne.

WECHSEL AUF ERZÄHLER 4)

Die Musik wird langsam leiser. Die Blumenelfen verharren an ihrem jeweiligen Platz und bleiben dort stehen. Der Erzähler trägt den nächsten Abschnitt der Geschichte vor.

Szenischer Einschub für Aufführung

Auftritt/ Abgang Fräulein Frühling

Die Blumenelfen bleiben verharrend an ihrem Platz. Während der Erzähler den Text spricht, steht Fräulein Frühling von ihrem Stuhl auf und stellt zeitgleich zum Text pantomimisch dar, wie sie mit den Blumenelfen spricht.

Die Blumenelfen reagieren dabei ebenfalls pantomimisch auf sie.

Aufgepasst!

Die Umsetzung dieses szenischen Einschubs, parallel zum Text, hängt stark von den Fähigkeiten der Gruppe ab.
In manchen Gruppen der 4-6-Jährigen gestaltete sich die Umsetzung eines solchen Einschubs als zu schwierig!
Hier wäre es möglich, dass „Fräulein Frühling" beispielsweise von einem älteren Kind aus einer höheren Gruppe dargestellt wird.

Dann geht Fräulein Frühling wieder zurück zu ihrem Stuhl am Bühnenrand. Im Anschluss erzählt der Erzähler den Abschnitt der Geschichte zu Ende.

WECHSEL AUF
Improvisationsbild 4) **„Aufregung und traurige Veilchenelfe"**

Die Musik setzt ein. Der Erzähler geht ganz von der Bühne ab.

Die Blumenelfen, die während des Textes des Erzählers „eingefroren" waren, beginnen nun, ganz aufgeregt durcheinanderzulaufen, zu tuscheln, zu kichern und miteinander zu tanzen. Das Kind, das die Veilchenelfe darstellt, löst sich dann aus der Gruppe und setzt sich traurig an den vorderen Rand der Bühne.

Die Rosenelfe gesellt sich zu ihr:

- Entweder stehen sie nur zusammen, was einfacher für die Kinder ist!
- Oder sie stellen das Gespräch miteinander pantomimisch dar.

Die Blumenelfen tanzen von der Bühne ab. Die Rosenelfe geht ebenfalls von der Veilchenelfe weg und geht ab. Parallel kommt der Erzähler wieder heraus. Die Musik wird dann immer leiser. Die Veilchenelfe bleibt vorne am Bühnenrand.

WECHSEL AUF ERZÄHLER 5)
Der Erzähler spricht den nächsten, kurzen Abschnitt der Geschichte.

WECHSEL AUF

Improvisationsbild 5) „Die Kräuterzwerge"

Es setzt eine lustige, fröhliche Musik ein. Der Erzähler geht an den seitlichen Bühnenrand. Die Kinder, die vorher die Blumenelfen dargestellt haben, kommen nun als Kräuterzwerge heraus. Sie tanzen oder bewegen sich als Zwerge geschäftig über die Bühne.

WECHSEL AUF ERZÄHLER 6)

Die Musik stoppt abrupt! Die Kräuterzwerge verschwinden schnell von der Bühne. Der Erzähler spricht von seiner Position an der Bühnenseite den nächsten Abschnitt der Geschichte.

WECHSEL AUF

Improvisationsbild 6) „Das Elfenfest"

Eine schöne, fließende Musik setzt ein. Der Erzähler stellt sich nach vorne zur Veilchenelfe, die dort immer noch sitzt. Die übrigen Kinder kommen wieder herein und tanzen als Blumenelfen auf dem Fest über die Bühne.

Die Veilchenelfe beobachtet das Treiben neugierig. Plötzlich kommt die Rosenelfe zu ihr mit einem kleinen Blumenstrauß in der Hand, den sie der Veilchenelfe gibt. Dann gesellt sich die Rosenelfe wieder zu den anderen.

WECHSEL AUF EZÄHLER 7)

Die Musik wird leiser. Die Blumenelfen „frieren" auf der Bühne in ihrer jeweiligen Position ein. Der Erzähler bleibt vorn bei der Veilchenelfe und spricht den nächsten Abschnitt der Geschichte.

WECHSEL AUF

Improvisationsbild 7) „Die Veilchenelfe tanzt"

Es setzt eine liebliche Musik ein. Der Erzähler bleibt an seiner Position stehen.

Zwei Varianten:

1. Die Veilchenelfe erhebt sich und beginnt, langsam zu tanzen. Die anderen Blumenelfen beginnen nach und nach, sie zu beobachten und schauen ihr dann interessiert zu.
2. Die Veilchenelfe und die Blumenelfen beginnen gemeinsam zu tanzen. Nach und nach hören aber die Blumenelfen auf und schauen nur noch der Veilchenelfe zu.

Plötzlich stoppt die Musik und alle Tänzer bleiben stehen.

Es ist für einen Moment Stille auf der Bühne.
Dann beginnen alle, der Veilchenelfe zu applaudieren.
Fräulein Frühling erhebt sich von ihrem Stuhl und kommt zur Veilchenelfe.
Sie verneigt sich vor ihr!

WECHSEL AUF ERZÄHLER 8)

Die Kinder bleiben nun alle stehen und „frieren ein". Der Erzähler geht zwischen den Kindern hindurch und spricht dabei den letzten Abschnitt der Geschichte.

WECHSEL AUF
Improvisationsbild 8) **„Finale"**

Eine fetzige Musik setzt ein (Empfehlung s. S. 245). Alle Kinder tanzen nun gemeinsam eine einstudierte Choreografie als Ensemble. Möglicherweise kann auch die Figur des Erzählers mittanzen.

ABSCHLUSSPOSITION UND ENDE!

Aufgepasst!

Die Abfolgen der einzelnen Abschnitte können, je nach Gruppe, vereinfacht, gekürzt oder auch erschwert werden.

Die Textpassagen der Geschichte können ebenfalls beliebig verändert oder gekürzt werden.

2.1.4 Überblick

Erzähler 1)

Improbild 1 „Garten"

Erzähler 2)

Improbild 2 „Fräulein Frühling geht spazieren"

Erzähler 3)

Improbild 3 „Blumenelfen"

Erzähler 4)

Szenischer Einschub
„Auftritt/Abgang Fr. Frühling"

Improbild 4 „Aufregung und traurige Veilchenelfe"

Erzähler 5)

Improbild 5 „Kräuterzwerge"

Erzähler 6)

Improbild 6 „Elfenfest"

Erzähler 7)

Szenischer Einschub
„Rosenelfe bringt den Strauß"

Improbild 7 „Veilchenelfe tanzt"

Szenischer Einschub
„Beifall für die Veilchenelfe + Auftritt Fräulein Frühling"

Erzähler 8)

Bild 8 „Finale Ensemble"

Abschlusspose

2.2 Das kleine Tanzgespenst

Tänzerische Geschichte für Kinder zwischen drei und sechs Jahren

In diesem Teilkapitel wird eine kleine Geschichte, eine sogenannte *Tanzgeschichte* vorgestellt, die in ihren Inhalten so von mir konzipiert wurde, dass die darin enthaltenen Bilder einfach in tänzerische Sequenzen umsetzbar sind.

Die Geschichte gliedert sich in neun Improvisationsbilder, deren Inhalte in den Erzählerabschnitten vorbereitet und vorgestellt werden. Die erzählten Abschnitte werden von einem Erzähler vorgetragen.

Dazwischen finden Sie die tänzerischen Improvisationseinheiten, die mit Musik in die Erzählung hineingesetzt werden. Die einzelnen Anleitungen zur genauen Umsetzung und zur Gliederung der Unterrichtseinheiten finden Sie im Anschluss an die Geschichte.

2.2.1 Die Geschichte und die Improvisation

Erzähler

Es war einmal ein kleines Gespenst, das lebte mit seiner Mama und seinem Papa und all seinen vielen kleinen Geschwistern in einem großen, alten Schloss.

Wo genau das Schloss lag, kann ich euch nicht sagen, denn diese Geschichte ist schon sehr lange her und Gespenster gibt es heute wahrscheinlich gar nicht mehr!

Improvisationsbild 1) „Gespenster"

- Musik wird eingespielt. Alle Kinder dürfen sich als Gespenster durch den Raum bewegen.
- Der Schwerpunkt der Bewegungsqualität liegt dabei auf leichten, schwebenden Bewegungsabläufen.

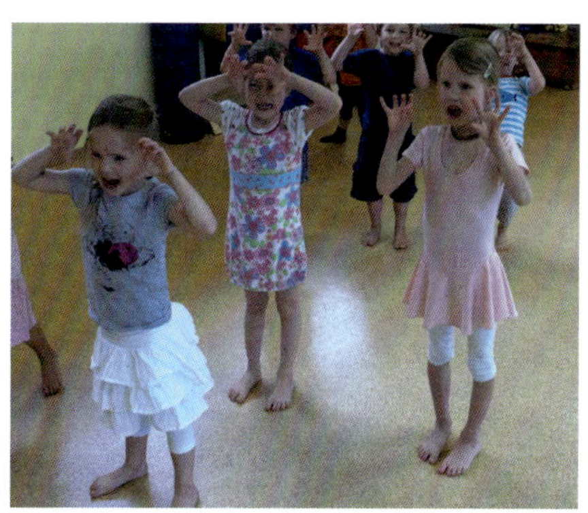

Erzähler

In dem Schloss lebten natürlich auch richtige Menschen.

Da waren ein König und eine Königin und eine kleine Prinzessin und ein kleiner Prinz. Die hatten viele Diener und Dienerinnen und auch ein paar Soldaten, die das Schloss bewachen sollten.

Improvisationsbild 2) „Soldaten"

- Musik wird eingespielt.
- Alle Kinder dürfen sich wie kleine Zinnsoldaten durch den Raum bewegen.
- Der Schwerpunkt der Bewegungsqualität liegt dabei auf geraden, abgehackten Bewegungsabläufen, sowie auf gestreckten Beinen und Armen zur Förderung der Körperspannung.

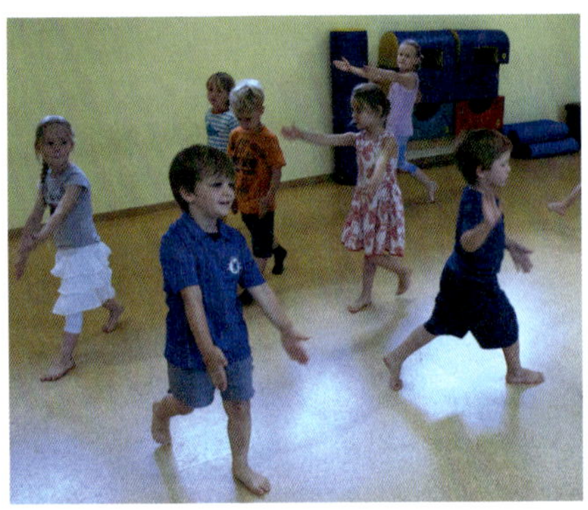

Erzähler

In der Nacht, wenn die große Schlossuhr 12 Schläge tat und alle Menschen schon schliefen, erwachten das kleine Gespenst und seine Familie.

Ihr müsst wissen, dass diese Gespensterfamilie nicht gerne in der Nacht herumspukte, wie andere Gespenster. Sie mochten niemanden erschrecken und fanden es furchtbar, wenn sich die Menschen vor ihnen fürchteten. Deshalb bemühten sie sich darum, dass die Menschen sie nicht sahen und schwebten heimlich und leise durch das Schloss.

Improvisationsbild 3) „Heimlichkeiten"

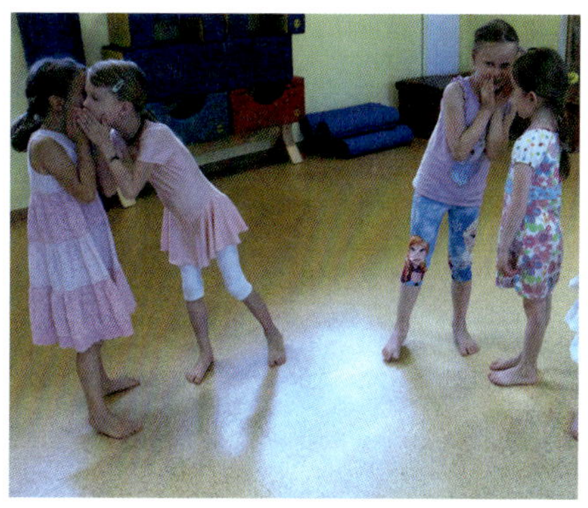

- Musik wird eingespielt.
- Alle Kinder sollen versuchen, ganz leise, auf Zehenspitzen durch den Raum zu schweben.
- Der Schwerpunkt der Bewegungsqualität soll auf langsamen, in Balance geführten Bewegungsabläufen liegen.

Erzähler

Das kleine Gespenst hieß Timpi und war oft traurig. Alle seine Geschwister konnten eine Sache besonders gut.

Da gab es Repi, der konnte besonders gut Purzelbäume schlagen und Karli, der konnte besonders hoch springen.

Improvisationsbild 4) „Repi und Karli"

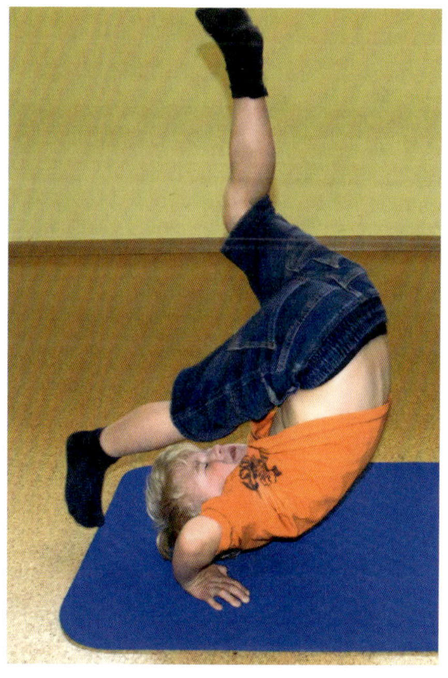

- Musik wird eingespielt.
- Alle Kinder dürfen sich in Repi und Karli verwandeln und dessen Kunststücke selbst ausprobieren.
- Hier sollen einfache Bewegungsabläufe, wie Purzelbaumschlagen, sowie die Ausführung hoher Strecksprünge durchgeführt werden.

Erzähler

Pippo konnte sich so dick machen, dass er nur sehr langsam von der Stelle kam und Peppo konnte sich so dünn machen, dass er besonders leicht und schnell durch den Raum jagen konnte.

Improvisationsbilder 5) „Pippo und Peppo"

- **Die beiden Figuren können nacheinander in zwei einzelnen Einheiten improvisiert werden!**
- Musik wird eingespielt.
- Alle Kinder dürfen sich zuerst in Pippo und dann in Peppo verwandeln und deren Kunststücke selbst ausprobieren.
- Der Schwerpunkt liegt hierbei auf den zwei gegensätzlichen Bewegungsqualitäten „schwer/leicht", sowie „langsam/schnell" und auf deren Verinnerlichung.

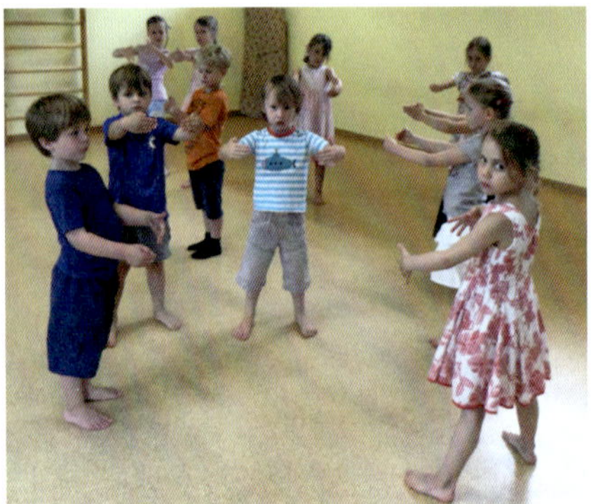

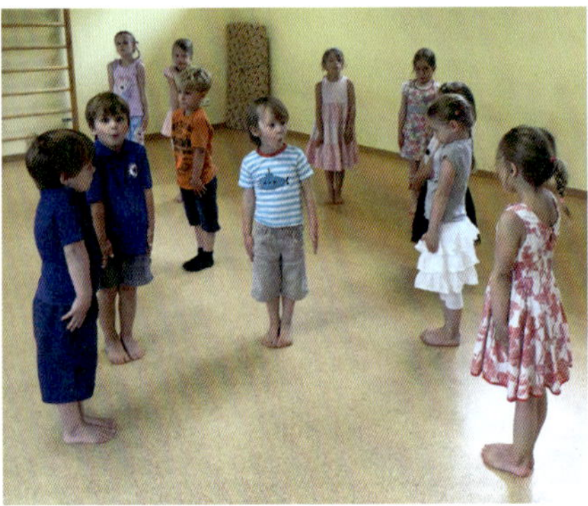

Erzähler

Idi konnte sich besonders schön drehen und Midi konnte sehr große Schritte mit gestreckten Gespensterfüßen machen.

Improvisationsbilder 6) „Idi und Midi"

- **Die beiden Figuren können in zwei einzelnen Einheiten improvisiert werden!**
- Musik wird eingespielt.

- Alle Kinder dürfen sich nacheinander jeweils in Idi und danach in Midi verwandeln und deren Kunststücke selbst ausprobieren.
- Der Schwerpunkt liegt dabei auf dem Üben von Drehungen im Anfangsstadium, sowie auf der Vorlaufübung zu späteren Jetésprüngen.

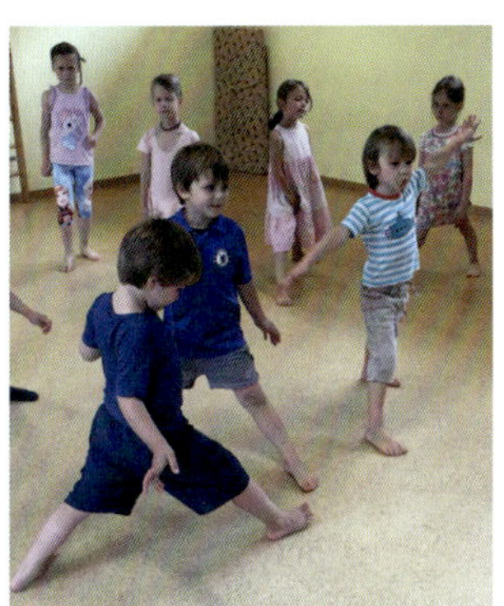

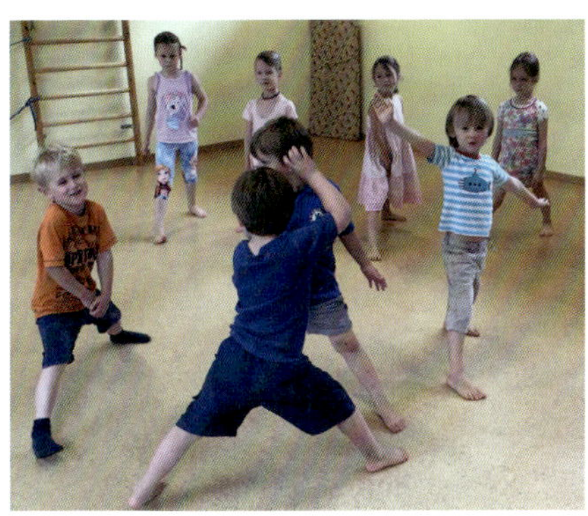

Erzähler

Nur Timpi konnte nichts so richtig gut und es wollte ihm einfach nichts einfallen, was er besonders gut gekonnt hätte.

Deshalb saß er oft ganz allein oben auf der höchsten Spitze des Gespensterturms und schaute traurig übers Land.

„Was soll ich nur machen?", dachte er, „ich möchte auch so gerne etwas besonders gut können!"

Er probierte so manches aus, wie z. B. das Radschlagen, Hüpfen oder besonders schnell zu schweben, aber nichts wollte ihm gelingen.

Improvisationsbild 7) „Trauriges Gespenst"

- Musik wird eingespielt.
- Alle Kinder dürfen sich in den traurigen Timpi verwandeln und sollen sich in dieser Stimmung schwebend durch den Raum bewegen.
- Der Schwerpunkt liegt dabei, vorgegeben durch das emotionale Stimmungsbild, auf langsamen, schleppenden Bewegungen.

- Die Kinder dürfen sich zwischendurch auch mal hinsetzen und „traurig sein".
- Diese Improvisation hat ebenfalls einen großen schauspielerischen Anteil und soll dazu beitragen, dass die Kinder aus sich herausgehen, eventuelle Hemmungen abbauen, sowie Gefühlswelten nachspüren und in Bewegung umsetzen.

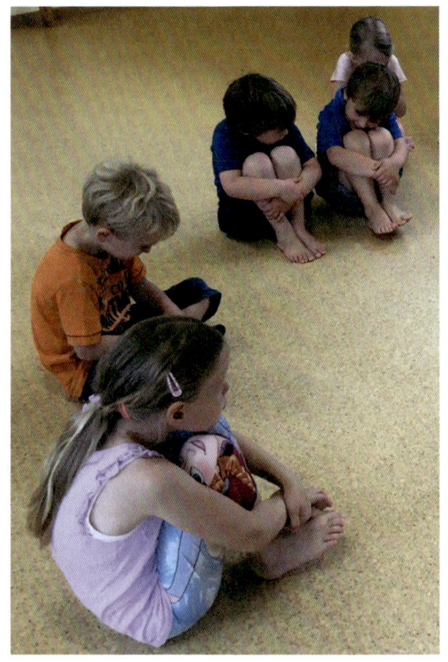

Erzähler

Wenn im Schloss ein großes Fest gegeben wurde, bei dem die Menschen Musik spielten und tanzten, dann schauten die Gespenster heimlich zu und freuten sich mit ihnen.

Eines Nachts, als die große Uhr zur Geisterstunde schlug, erwachte Timpi als Erster und hörte leise Musik. Auch die anderen Gespenster hatten die Musik gehört und Midi sagte: „Da ist sicher ein Fest im Gange!" Idi fragte Mama: „Dürfen wir hinschweben und zusehen?" „Also gut", sagte die Mama, „ihr dürft von der großen Treppe aus zusehen!"

Alle kleinen Gespenster machten sich auf den Weg. Allen voran Timpi, denn er mochte Musik für sein Gespensterleben gern.

Improvisationsbild 8) „Gespenster schweben hintereinander"

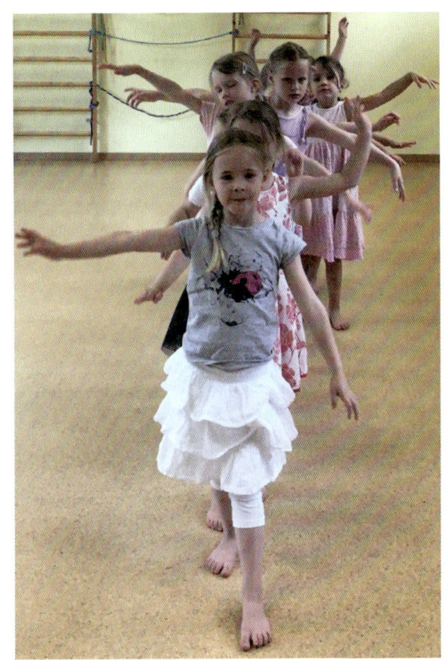

- Die Musik wird eingespielt.
- Alle Kinder dürfen sich nun in die Gespenster verwandeln und hintereinander in einer Reihe durch den Raum schweben.
- Der Anfang der Gespensterschlange kann dabei immer wieder durchgetauscht werden.
- Der Schwerpunkt liegt dabei zum einen auf der leichten, schwebenden Bewegungsqualität, zum anderen auf dem Üben von Bewegungsabläufen in einer Reihe.

Erzähler

Von der großen Treppe aus konnten die Gespenster den Ballsaal gut sehen. Da unten spielte eine große Kapelle herrliche Musik und die Menschen tanzten und drehten sich dazu.

Improvisationsbild 9) „Tanzende Menschen"

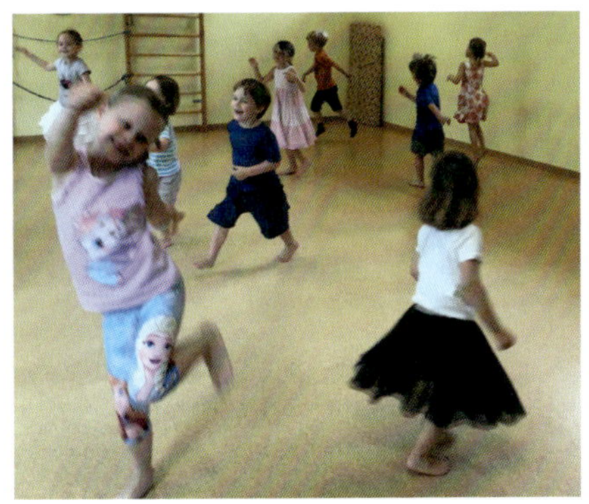

- Die Musik wird eingespielt.
- Die Kinder dürfen sich in die Ballgesellschaft verwandeln – sie haben schöne Kleider an und tanzen frei zu der Musik durch den Raum.
- Hierbei liegt der Schwerpunkt in der freien, tänzerischen Bewegung im Raum.

Ohne dass Timpi es selbst gemerkt hätte, begann er, sich hin und her zu wiegen. Das kleine Gespenst begann, zur Musik durch die Luft zu schweben. Immer mehr und immer mehr begann Timpi schwebend zu tanzen. Plötzlich bemerkten die anderen Gespensterkinder Timpis Tanz. Es war der schönste Gespenstertanz, den sie jemals gesehen hatten. Timpi drehte sich, hüpfte und wackelte herum, als wäre er selbst zur Musik geworden.

Staunend beobachteten die anderen Gespensterkinder Timpis Tanz.

Improvisationsbild 10) „Timpis Tanz"

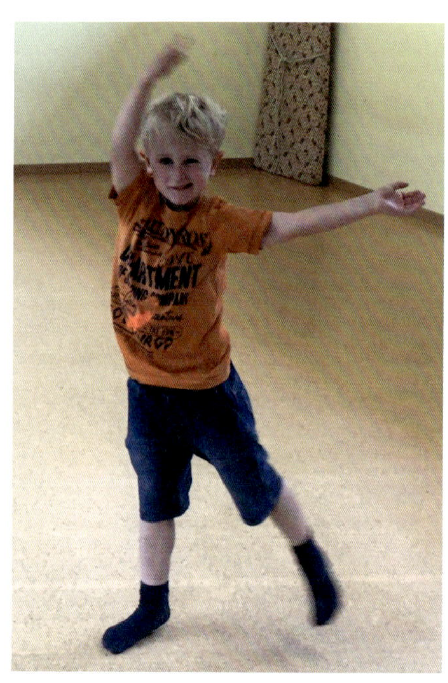

Variante 1)

- Die Musik wird eingespielt.
- Alle Kinder dürfen sich in Timpi verwandeln und zu der Musik schwebend tanzen, sowie Drehungen und Sprünge ausführen.
- Der Schwerpunkt liegt dabei auf der schwebenden, leichten Bewegungsqualität, sowie auf der Einführung von Drehungen und Sprüngen.

Variante 2)

- Diese Version eignet sich für eine Aufführung!
- Die Musik wird eingespielt.
- Ein Kind wurde ausgewählt, als Timpi schwebend durch den Raum zu tanzen – es sollte ein Kind sein, von dem bekannt ist, dass es sich selbst diese Aufgabe zutraut!

- Die anderen Kinder stellen dabei die anderen Gespensterkinder dar, die Timpi staunend beobachten.

Erzähler

Plötzlich hörte die Kapelle auf zu spielen. Timpi erwachte wie aus einem Traum. Beim Tanzen hatte er alles um sich herum vergessen.

Seine Geschwister klatschten begeistert Applaus und sagten: „Du hast so wunderschön getanzt, Timpi!" „Was?", fragte Timpi, „ich habe getanzt?" „Ja und wie schön!", riefen die anderen. Idi schwebte zu ihm und sagte: „Nun wissen wir endlich, was du besonders gut kannst! Du kannst ganz besonders gut tanzen!"

Timpi konnte es kaum glauben.

Er war wohl das beste tanzende Gespenst auf der ganzen Welt.

Da schlug die große Uhr das Ende der Geisterstunde. Die kleinen Gespenster schwebten schnell zurück in ihren Turm und legten sich schlafen.

Timpi war noch nie so glücklich gewesen. Von nun an würde auch er etwas besonders gut können. Er würde jeden Tag tanzen.

Als er einschlief, tanzte er durch seine Träume bis zur nächsten Geisterstunde.

Improvisationsbild 11) „Glückliche Geister"

- Die Musik wird eingespielt.
- Alle Kinder dürfen sich in „glückliche Geister" verwandeln, die wild durch den Raum tanzen, wirbeln, schweben und toben.
- Der Schwerpunkt liegt dabei auf der freien, wilden Bewegung im Raum.

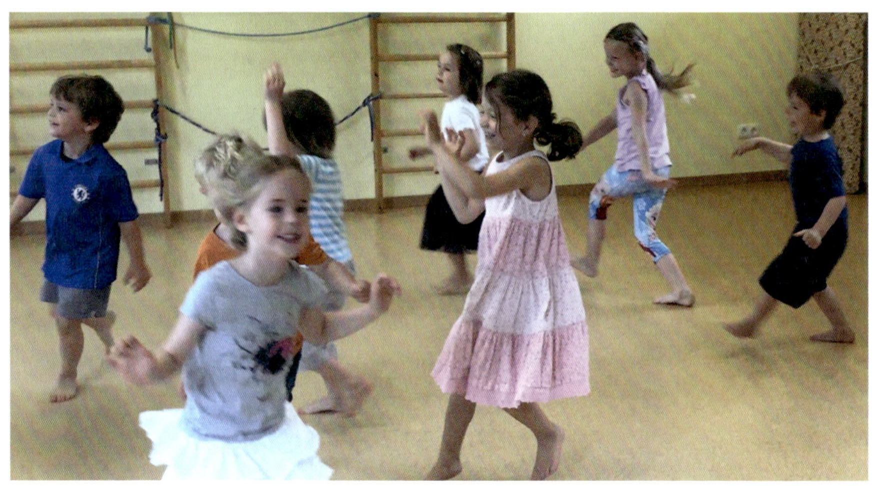

2.2.2 Zwei Arbeitsmethoden für den Unterricht

1
- **Die Geschichte wird komplett vorgelesen.**
- Die einzelnen Bilder werden gemeinsam mit den Kindern herausgefiltert.
- Die einzelnen Bewegungsbilder werden als Block zu entsprechenden Musikstücken in Bewegung umgesetzt.
- Die Umsetzung passiert innerhalb einer Unterrichtsstunde.

2
- Die Geschichte wird in den oben beschriebenen Abschnitten in unterschiedlichen Unterrichtsstunden vom ÜL vorgelesen.
- Zu jedem Abschnitt wird direkt im Anschluss das dazugehörige Improvisationsbild zur Musik umgesetzt.
- **Die Umsetzung der Geschichte wird auf mehrere Unterrichtsstunden verteilt.**

Eine ausführliche methodische Anleitung zur Umsetzung einer solchen Geschichte im Unterricht finden Sie in Kap. 2.1.2 zur Geschichte „Fräulein Frühling und die Blumenelfen"!

Der Ablauf sowie die detaillierte Umsetzung ist auf diese Geschichte und ihren Aufbau übertragbar!

2.2.3 Arbeitsmodell für eine Aufführung

Die Geschichte „Das kleine Tanzgespenst" kann mit Kindern zwischen vier und sechs Jahren für eine kleine Aufführungssequenz einstudiert und umgesetzt werden.

Die Erarbeitung des kleinen Tanztheaterstückes kann inhaltlich in den Unterricht eingebaut werden.

Im Folgenden möchte ich Ihnen hierfür eine kurze Anleitung geben.

Rollen

- Timpi
- Erzähler
- Idi
- Peppo
- Pippo
- Repi
- Karli
- Tänzer

In diesem Stück gibt es mehrere, gleichwertige Hauptrollen. Zusätzlich gibt es die Figur des Erzählers. Weiterhin gibt es Ensemblearbeit bzw. Ensembleauftritte!

Rollenauswahl

Die Rolle „Timpis" sollte einem Kind gegeben werden, das sich zutraut, oft allein auf der Bühne zu agieren.

Gleichzeitig sollte das Kind wenig Hemmungen vor Improvisationen haben und sich nicht scheuen, in die freie Bewegung zu gehen.

Ähnliche Kriterien gelten für die Rolle des Erzählers!
Die Rolle des Erzählers kann im Zweifelsfall vom ÜL übernommen werden!

Dramaturgie

Die Dramaturgie des Stückes gleicht in ihrem Aufbau den anderen Stücken, die in diesem Buch vorgestellt werden. Die Figur des Erzählers bildet die Verbindung zwischen den Tanzsequenzen und fungiert als erklärendes Element der Geschichte.

Daher sollte der Erzähler immer einen besonderen Auftritt haben, sowie ein spezielles Aussehen (z. B. einen großen Hut, Mantel o. Ä). Der Erzähler kann ein großes Buch als Requisit unter dem Arm tragen, aus dem er die Geschichte jedes Mal vorliest. Dieser Auftritt, sowie das Kostüm, sollten dadurch einen Wiedererkennungseffekt erhalten.

Das Vorlesen der Geschichtsabschnitte macht die anschließenden Tanzszenen für den Zuschauer verständlich.

Der Ablauf besteht aus zwei Stilmitteln

- Erzähler/Geschichte
- Tanz/Musik

Diese beiden Elemente wechseln sich stetig ab. Lediglich die Auf- und Abgänge der Darsteller sowie ihre Positionen verändern sich im Verlauf des Stückes. Diese Vorgehensweise macht eine schnelle Umsetzung des Stückes während des Probenprozesses möglich.

Stückablauf

BEGINN/ERZÄHLER 1)

Auf der Bühne im Hintergrund sitzen die Geister. Sie sind wie eingefroren und bewegen sich nicht.

Der Erzähler kommt auf die Bühne. Er geht einmal um die Geister herum, während er seine Person vorstellt und die Zuschauer begrüßt. Dann kommt der Erzähler nach vorne zum Bühnenrand und beginnt, den ersten Abschnitt der Geschichte zu erzählen.

WECHSEL AUF
Improvisationsbild 1) „Gespenster"

Die Musik setzt ein und der Erzähler verlässt die Bühne. Parallel beginnen zunächst die Geister im Hintergrund, sich zur Musik zu bewegen. Timpi bleibt dabei eher im Hintergrund und bewegt sich nur sehr zaghaft!

Die Bewegungen können dabei vorher festgelegt und einstudiert worden sein oder freie Bewegungen der Kinder zum Bild der Gespenster sein!

Nach einiger Zeit kommen die anderen Tänzer auf die Bühne und stellen ebenfalls Gespenster dar. Der Auftritt der anderen Gespenster setzt auf ein vorher ausgemachtes, tänzerisches Zeichen ein. Alle Gespenster tanzen nun zusammen über die Bühne.

Nur Timpi hat zwischenzeitlich aufgehört, sich zu bewegen und hat sich an den Bühnenrand gesetzt. Er scheint traurig zu sein!

WECHSEL AUF ERZÄHLER 2)

Während die Tänzer von der Bühne tanzen, kommt von der anderen Seite der Erzähler auf die Bühne. Die Musik wird leiser. Wenn die Musik zu Ende ist, beginnt der Erzähler den nächsten Abschnitt der Geschichte vorzutragen. Timpi ist am Bühnenrand sitzen geblieben.

WECHSEL AUF
Improvisationsbild 4) „Repi und Karli"

Der Erzähler stellt sich neben Timpi an den Bühnenrand. Die Musik setzt zeitgleich ein.

Mit der Musik toben die anderen Kinder auf die Bühne und führen die Bewegungen aus, die Repi und Karli besonders gut können. Sie schlagen Purzelbäume, hüpfen und springen über die Bühne.

Timpi schaut von seinem Platz aus zu. Schließlich gesellen sich die Figuren von Repi und Karli zu Timpi an den Bühnenrand. Die anderen Kinder tanzen von der Bühne.

WECHSEL AUF ERZÄHLER 3)

Die Musik wird leiser und endet schließlich ganz. Der Erzähler kommt von seiner seitlichen Position nach vorne zum Bühnenrand. Der Erzähler beginnt, den nächsten Abschnitt der Geschichte vorzulesen.

Timpi, Repi und Karli bleiben auf ihrer Position und hören der Geschichte ebenfalls zu.

WECHSEL AUF
Improvisationsbild 5) „Pippo und Peppo"

Die Musik setzt plötzlich ein. Mit der Musik kommen die anderen Kinder auf die Bühne. Der Erzähler geht parallel gänzlich von der Bühne ab. Die Geister bleiben auf ihrer Position am Bühnenrand.

Die Kinder führen auf der Bühne nacheinander die Kunststücke von Pippo und Pepo durch. Zunächst stellen sie Pippo dar, indem sie sich dick und behäbig über die Bühne bewegen. Sie versuchen, sich körperlich ganz dick und rund zu machen (z. B. durch Armpositionen!).

Anschließend, auf ein verabredetes Zeichen, wie z. B. ein Klatschen aus dem Hintergrund der Bühne, stellen sie Peppo dar, indem sie plötzlich ganz schnell und mit schnellen Richtungswechseln über die Bühne hin- und herrennen.

Dieser Rollentausch kann auch durch einen plötzlichen Musikwechsel vorgegeben werden!

Pippo und Peppo gesellen sich dann zu den anderen Geistern am Bühnenrand. Die übrigen Kinder gehen von der Bühne ab.

WECHSEL AUF ERZÄHLER 4)

Die Musik wird langsam leiser. Der Erzähler kommt auf die Bühne und stellt sich neben die Geister. Der Erzähler trägt den nächsten Abschnitt der Geschichte vor.

WECHSEL AUF
Improvisationsbild 6) „Idi und Midi"

Die Musik setzt ein. Der Ablauf ist den vorherigen Abläufen sehr ähnlich! Der Erzähler bleibt auf der Bühne und zieht sich an den Bühnenrand zurück.

Wieder kommen die anderen Kinder auf die Bühne. Sie stellen wieder die Fähigkeiten von Idi und Midi dar. Zuerst improvisieren sie zu Idi, indem sie sich grazil über die Bühne bewegen, sich drehen und kleine Sprünge ausführen.

Auf ein vereinbartes Zeichen, wie z. B. ein Klatschen aus dem Hintergrund der Bühne, wechseln sie auf die Fähigkeiten von Midi. Die Kinder improvisieren zur Figur Midis, indem sie sich mit weiten, großen Sprüngen über die Bühne bewegen.

Die Bewegungsabläufe sollen oder können improvisiert werden, d. h. frei bleiben, sofern sie vorher mit den Kindern im Vorfeld unter Anleitung und Inspiration des ÜL ausprobiert wurden.

WECHSEL AUF ERZÄHLER 5)

Die Kinder tanzen von der Bühne ab. Idi und Midi gesellen sich wieder zu den Geistern am Bühnenrand.

Hier hat sich nun die Gruppe wieder eingefunden, die zu Beginn des Stückes im Hintergrund saß!

Der Erzähler löst sich von der Gruppe und kommt zur Bühnenmitte. Der Erzähler trägt den nächsten Abschnitt der Geschichte vor.

WECHSEL AUF
Improvisationsbild 7) „Trauriges Gespenst"

Der Erzähler begibt sich an die Bühnenseite. Eine eher langsame, melancholische Musik setzt ein. Timpi erhebt sich von seinem Platz und beginnt, sich „traurig" zu bewegen.

Dieser Gefühlszustand und seine tänzerische Darstellung erzeugen eher langsame, zurückgehaltene Bewegungsqualitäten. Nach einiger Zeit kommen die anderen Kinder dazu und bewegen sich genau wie Timpi in diesem traurigen, niedergeschlagenen Gemütszustand. Die anderen Geisterfiguren bleiben am Bühnenrand in ihrer Position.

WECHSEL AUF ERZÄHLER 6)

Die Kinder bewegen sich in dieser Bewegungsqualität langsam von der Bühne. Timpi bleibt an der anderen Bühnenseite, gegenüber den anderen Geistern, stehen und setzt sich dort auf den Boden.

Der Erzähler kommt wieder zur Bühnenmitte. Der Erzähler trägt den nächsten Abschnitt der Geschichte vor.

Aufgepasst!

An dieser Stelle werden zwei Erzählabschnitte von oben zusammengelegt.

Das oben genannte Improvisationsbild 8) „Gespenster hintereinander" wird an dieser Stelle übersprungen und ausgelassen!

WECHSEL AUF
Improvisationsbild 9) „Tanzende Menschen"

Eine mitreißende, beschwingte Musik setzt ein. Die Geister am Bühnenrand, ebenso Timpi auf der anderen Seite, recken neugierig ihre Köpfe und wollen etwas besser sehen.

Die anderen Kinder kommen auf die Bühne und bewegen sich tänzerisch frei über die Bühne zur Musik. Die Kinder stellen die tanzenden Menschen da, die sich auf dem Ball zur Musik bewegen.

WECHSEL AUF ERZÄHLER 7)

Die Kinder tanzen mit der Musik im Hintergrund von der Bühne ab. Die Musik klingt noch ein bisschen nach, auch wenn die Kinder schon von der Bühne abgetreten sind. Die Geisterfiguren sehen den Kindern nach.

Der Erzähler erscheint wieder auf der Szene. Der Erzähler trägt den nächsten Abschnitt der Geschichte vor.

WECHSEL AUF
Improvisationsbild 10) „Timpis Tanz"

Der Erzähler bleibt nun in der Bühnenmitte stehen. Eine schöne, lyrische Musik setzt ein.

Timpi beginnt, sich an seinem Platz zu bewegen, die Bewegung steigert sich und schließlich steht er auf und beginnt, über die Bühne zu tanzen. Timpi tanzt nun ganz selbstvergessen um den Erzähler herum.

Der Erzähler nimmt Timpi wahr und schaut ihm aufmerksam zu. Die anderen Geister am Bühnenrand stehen nun auch auf und schauen Timpi „begeistert" zu. Timpi tanzt weiter.

Aufgepasst!

Falls das Kind sich nicht traut, als Timpi allein auf der Bühne zu tanzen, kann man die Szene auch stellvertretend für das Bild von allen Kindern improvisieren lassen!

WECHSEL AUF ERZÄHLER 8)

Die Musik wird leiser. Timpi hört auf zu tanzen und sieht sich um. Es ist einen Augenblick Stille. Dann beginnen die anderen Geister zu applaudieren.

Der Erzähler stand die ganze Zeit in der Bühnenmitte und bittet nun um Ruhe. Die Kinder hören auf zu applaudieren und alle werden ruhig. Der Erzähler trägt den letzten Abschnitt der Geschichte vor.

WECHSEL AUF
Improvisationsbild 11) „Glückliche Geister"/Finale

Eine schöne, fröhliche Musik setzt ein. Alle Kinder kommen auf die Bühne und tanzen wild und frei über die Bühne. Auch die Geisterfiguren und der Erzähler tanzen mit.

Schließlich geht der Erzähler nach vorne an den Bühnenrand und macht ein Handzeichen, dass die Musik leiser werden soll. Die Musik wird ausgeblendet. Der Erzähler gibt das Ende des Stückes bekannt und verabschiedet das Publikum.

ENDE

Hier wurde von mir nur eine mögliche Konzeption für ein Tanztheaterstück mit Kindern vorgestellt.
Bei der praktischen Umsetzung sind Ihnen und Ihrer Fantasie natürlich keine Grenzen gesetzt!
Ebenso richtet sich die Umsetzung immer nach den Fähigkeiten der jeweiligen Kindergruppe.
Dementsprechend müssen Inhalte und Abfolgen verändert, vereinfacht oder variiert werden.

2.2.4 Dramaturgische und technische Mittel

1. Der schnelle Wechsel zwischen den einzelnen Szenen lässt sich einfach gestalten und innerhalb der Proben zügig umsetzen. Der Ablauf ist für Kinder dieser Altersgruppe verständlich und überschaubar.
2. Durch diese Gestaltung sind alle Kinder weitestgehend gleichmäßig beschäftigt und die Auswahl einzelner Rollen hält sich in Grenzen.
3. Es sind bei diesem dramaturgischen Aufbau keinerlei Bühnenbilder oder Kulissen notwendig.
4. Es müssen keinerlei Aufbauten auf die Bühne gebracht werden. Ebenfalls fallen keine Umbauten von Bühnenelementen innerhalb des Stückes an.
5. Das Stück kann, mit dieser Herangehensweise, in unterschiedlichsten Räumlichkeiten zur Aufführung gebracht werden.
6. Es werden nur wenige zusätzliche Requisiten benötigt, sodass der vorherige Vorbereitungsaufwand gering ausfällt.
7. Für die Umsetzung einer solchen Stückkonzeption sind keine besonderen Lichteffekte notwendig.
8. Diese Stückkonzeption kann mit beliebig vielen Kindern durchgeführt werden.

2.2.5 Überblick

Erzähler 1)

Improbild 1 „Gespenster"

Erzähler 2)

Improbild 2 „Repi und Karli"

Erzähler 3)

Improbild 3 „Pippo und Peppo"

Erzähler 4)

Improbild 4 „Idi und Midi"

Erzähler 5)

Improbild 5 „Trauriges Gespenst"

Erzähler 6)

Improbild 6 „Tanzende Menschen"

Erzähler 7)

Improbild 7 „Timpis Tanz"

Erzähler 8)

Glückliche Geister/ Finale

Abschlusspose

2.3 Luzie und die Tanzgeister

Eine Tanzgeschichte für Kinder von 6-8 Jahren

In diesem Teilkapitel wird eine kleine Geschichte, eine sogenannte *Tanzgeschichte* vorgestellt, die in ihren Inhalten so von mir konzipiert wurde, dass die darin enthaltenen Bilder einfach in tänzerische Sequenzen umsetzbar sind.

Die Geschichte gliedert sich in neun Improvisationsbilder, deren Inhalte in den Erzählerabschnitten vorbereitet und vorgestellt werden. Die erzählten Abschnitte werden von einem Erzähler vorgetragen.

Dazwischen finden Sie die tänzerischen Improvisationseinheiten, die mit Musik in die Erzählung hineingesetzt werden. Die einzelnen Anleitungen zur genauen Umsetzung und zur Gliederung der Unterrichtseinheiten finden Sie im Anschluss an die Geschichte.

2.3.1 Die Geschichte und die Improvisation

Erzähler

Es war einmal ein Mädchen namens Luzie. Luzie ging in die zweite Klasse und war nicht besonders glücklich.

In Luzies Klasse gab es einige Kinder, die sie immer wieder ärgerten, weil sie so schüchtern war.

Luzie fehlte der Mut, sich gegen die Kinder zu wehren.

Deshalb saß sie oft nach der Schule traurig in ihrem Zimmer und wünschte sich, mutiger zu sein.

Improvisationsbild 1) „Traurige Luzie"

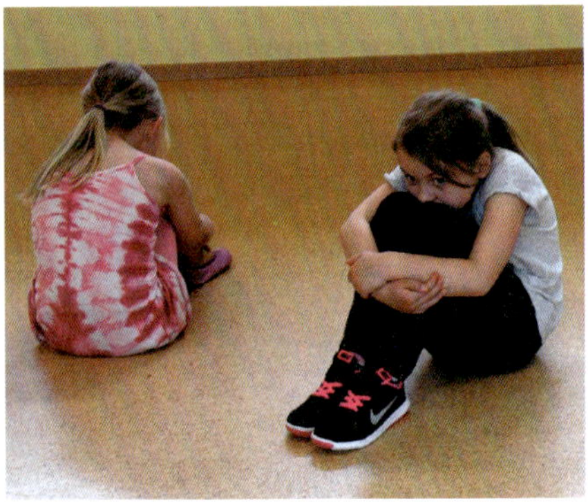

- Die Kinder sollen sich mit dem Gefühl von Traurigkeit (wie Luzie) durch den Raum bewegen.
- Die körperliche Umsetzung des Gefühls der „Traurigkeit" zur Musik erzeugt langsame, tragende Bewegungsqualitäten.
- Der Fokus soll dabei nicht auf der Wahrnehmung von schweren Bewegungsqualitäten liegen, sondern mehr auf getragenen, „geknickten" Bewegungen.
- Die Kinder dürfen sich auch mal zwischendurch auf den Boden setzen und z. B. das Gesicht in die Hände stützen o. Ä. (hierbei kann der ÜL als Ideengeber fungieren).

Erzähler

Eines Abends, als Luzie schon allein in ihrem Bett lag und mal wieder nicht einschlafen konnte, hörte sie ein merkwürdiges Geräusch am Fenster.

An ihrem offenen Fenster saßen drei Tanzgeister.

Sie hatten sich auf Luzies Fensterbrett gesetzt, um sich etwas auszuruhen.

Luzie hatte keine Angst vor den dreien, denn sie waren freundlich zu ihr.

Sie erklärten Luzie, dass Tanzgeister dazu da sind, die Menschen zum Tanzen zu bringen und dann stellten sie sich vor:

Lobo war ein sehr dicker Tanzgeist und für alle langsamen, schweren Bewegungen zuständig.

Improvisationsbild 2) „Lobo"

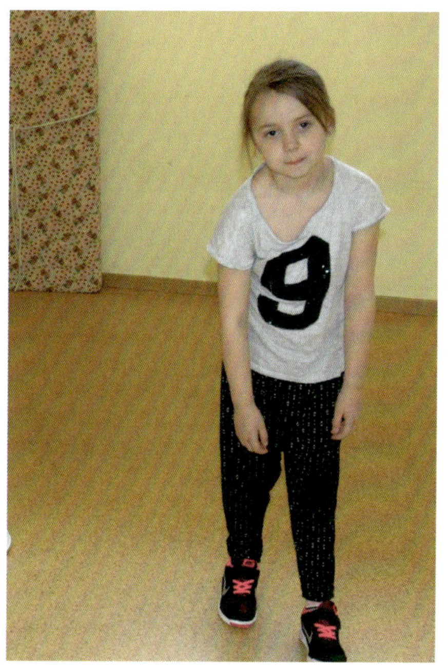

- Die Kinder dürfen sich wie Lobo zur Musik durch den Raum bewegen.
- Dabei sollen sie die Bewegungsqualität von schweren, langsamen und schleppenden Bewegungsabläufen ausprobieren.
- Im Gegensatz zum vorherigen „Bild des traurigen Mädchens" und dessen Bewegungsqualitäten soll hierbei der Fokus auf den schleppenden, schweren Bewegungsabläufen liegen, deren Bewegungsqualität nach unten geht und damit erdig ist.

Erzähler

Der Tanzgeist Putzi war dünn, zappelig und schusselig. Er war für alle schnellen und zappeligen Bewegungen der Menschen da.

Improvisationsbild 3) „Putzi"

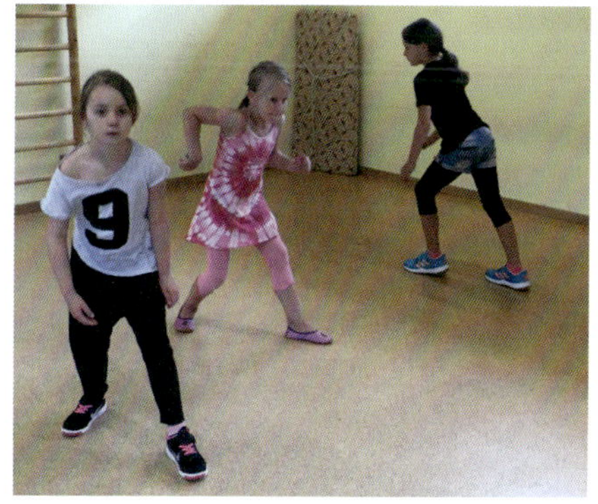

- Die Kinder dürfen sich wie Putzi zur Musik durch den Raum bewegen.
- Der Fokus liegt dabei auf der Durchführung von schnellen, abgehackten Bewegungsabläufen.
- Bei dieser Improvisation können ebenfalls schnelle Richtungsänderungen als Aufgabenstellung eingebaut werden (Verinnerlichung von Raumrichtungen sowie Förderung der Orientierung im Raum).

Erzähler

Der Tanzgeist Sori war fast durchsichtig und sehr fein. Sie war für alle leichten, schwebenden Bewegungen der Menschen verantwortlich.

Improvisationsbild 4) „Sori"

- Die Kinder dürfen sich wie Sori durch den Raum bewegen.
- Der Fokus liegt dabei auf der Durchführung von leichten, schwebenden Bewegungsqualitäten.
- Als zusätzliche Aufgabenstellung kann hier auch die Bewegung auf Zehenspitzen eingebaut werden.

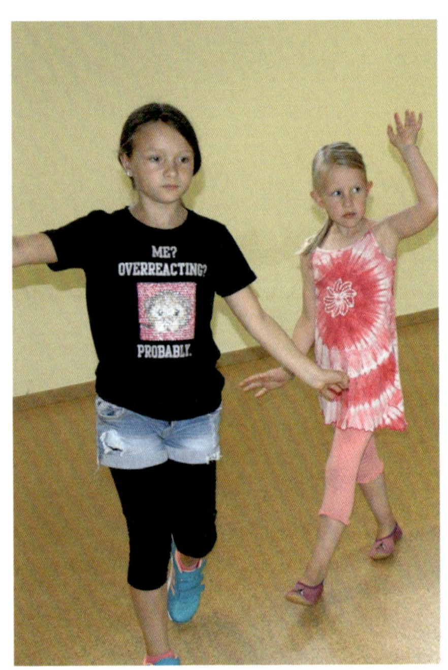

Erzähler

Nachdem die drei Tanzgeister sich vorgestellt hatten, erzählte Luzie den dreien von ihren Sorgen mit den Kindern in der Schule.

Sie erzählte ihnen, dass sie meistens im Sportunterricht gehänselt wurde, weil sie vor vielen Spielen und Übungen Angst hatte.

Improvisationsbild 5) „Luzies Angst"

- Die Kinder sollen sich durch den Raum bewegen, als ob sie ängstlich wären.
- Die körperliche Umsetzung des Gefühls „Angst" erzeugt dabei verhaltene, langsame und zurückgenommene Bewegungsqualitäten.
- Der Fokus sollte dabei ebenfalls auf kleinen, in sich gekehrten Bewegungsabläufen liegen.
- Dies kann auch vom ÜL unterstützt werden, indem die gewünschten Bewegungsformen vorgegeben werden.

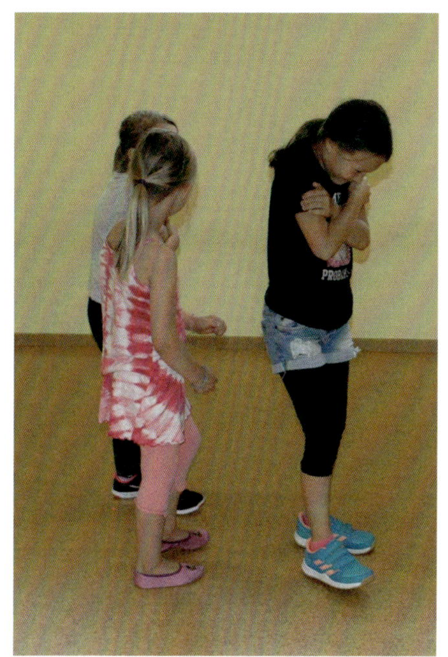

Erzähler

Die drei Tanzgeister wollten Luzie helfen.

Luzie verstand zuerst nicht, wie das gehen sollte, doch dann war der Plan schnell gefasst.

Die Tanzgeister wollten mit Luzie in die Schule kommen und dort in sie hineinfahren.

Luzie sollte sich dann mithilfe der Tanzgeister so sicher bewegen, dass alle Kinder staunen würden.

Schon am nächsten Tag ging es los.

In der Schule angekommen, schlüpfte Sori in Luzies Körper und sofort fühlte sich Luzie ein Stückchen größer und leichter.

Sie schwebte geradezu über den Schulhof und alle Kinder schauten ihr hinterher.

Improvisationsbild 6) „Luzies Gang"

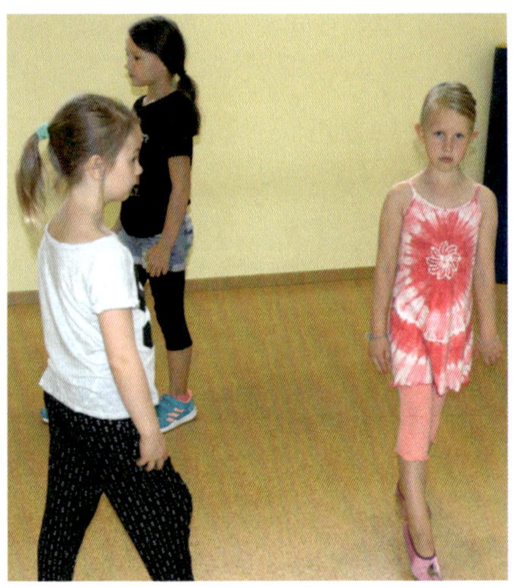

- Die Kinder dürfen sich, wie Luzie auf dem Schulhof, durch den Raum bewegen.
- Der Fokus liegt dabei auf einem aufrechten, getragenen Gang, mit aufrechtem Rücken sowie lang gezogener Halswirbelsäule.
- Die Kinder sollen dabei ausprobieren, wie man sich fühlt, wenn man sich aufrecht und gerade durch den Raum bewegt (sicherer Gang, empfundene Größe).

Erzähler

Als Luzie so in die Klasse kam, ärgerte sie keines der Kinder mehr. Alle betrachteten sie verwundert. Luzie kam ihnen viel größer und älter vor.

Im Sportunterricht fuhr zuerst Putzi in Luzies Körper.

Augenblicklich konnte Luzie bei der Erwärmung in der Halle 10-mal schneller laufen als die anderen Kinder. Dann fuhr auch noch Sori in Luzie hinein. Dadurch machte Luzie beim Laufen sogar große, weite Sprünge.

Alle Kinder und sogar die Lehrerin staunten nicht schlecht, als Luzie buchstäblich durch die Halle flog!

Improvisationsbild 7) „Luzies Sprünge"

- Die Kinder dürfen nun durch den Raum laufen und springen, wie Luzie in der Turnhalle.
- Der Fokus soll dabei auf Schrittsprüngen (grand Jetés) liegen.
- Die Kinder dürfen hier aber auch selbstständig ausprobieren, welche Sprünge für sie möglich und am einfachsten auszuführen sind.

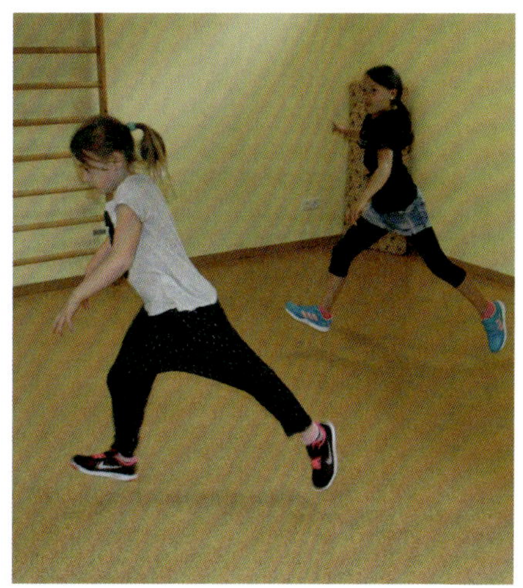

Erzähler

Bei allen Übungen in der Sportstunde halfen Putzi und Sori, sodass Luzie keine Angst mehr hatte, ausgelacht zu werden.

Als zum Ende der Stunde an den Seilen geschwungen werden sollte, fuhr Lobo in Luzies Körper.

Vor den Seilen hatte Luzie bisher immer am meisten Angst gehabt.

Sie hatte nie die nötige Kraft gehabt, um sich festzuhalten und war immer viel zu zappelig am Seil gewesen.

Aber nun, mit Lobos Hilfe, hielt sie sich sicher fest und schaukelte langsam hin und her.

Improvisationbild 8) „Lobos Seile"

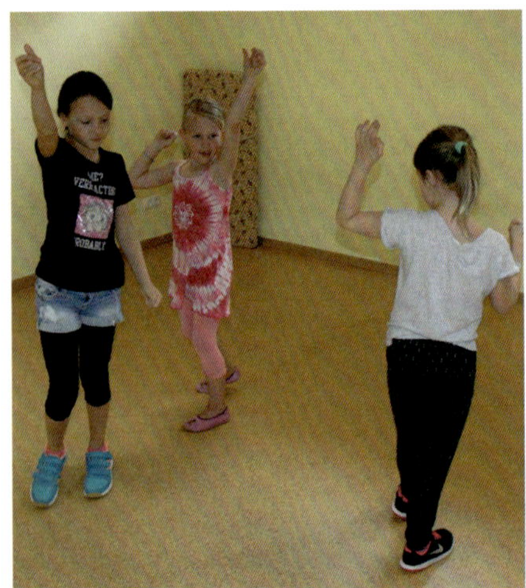

- Die Kinder sollen sich nun vorstellen, dass im Raum Seile von der Decke hängen.
- Sie sollen sich imaginär von Seil zu Seil durch den Raum schwingen.
- Dabei liegt der Fokus auf den langsamen, schwingenden Bewegungen sowie auf dem Einsatz der Arme (große Armschwünge).
- Mit den Armen sollen große, ausladende, schwingende Bewegungen ausgeführt werden.
- Dies dient zur Kräftigung der Schultermuskulatur sowie zur Dehnung.

Aufgepasst!

Für die Figur „Lobo" können ebenso andere Bilder zur Bewegungsfindung verwendet werden!
Es sollte dabei vor allem um langsame Bewegungsabläufe gehen, die ebenfalls eine Dehnung bestimmter Muskelpartien unterstützen.

Beispiel:

Die Kinder sollen eine abschließende Dehnung/Cool-down in der Sportstunde machen und Luzie kann sich besonders gut dehnen.

Erzähler

Am Ende dieses Schultages hatte kein Kind Luzie geärgert oder gar ausgelacht. Im Gegenteil!

Viele Kinder hatten freundlich mit Luzie gesprochen und sogar in den Pausen mit ihr gespielt.

Mit den Tanzgeistern in ihrem Körper hatte Luzie zum ersten Mal keine Angst mehr gehabt, in die Pause zu gehen.

Es hatte sogar Spaß gemacht!

Die Tanzgeister blieben eine ganze Woche bei Luzie und begleiteten sie jeden Tag in die Schule.

Mit jedem Tag, den die Tanzgeister in Luzies Körper saßen, wurde sie mutiger.

Irgendwann vergaß sie sogar, dass die Tanzgeister in ihr steckten, denn ihr Körper hatte von den Geistern gelernt, wie er sich bewegen und sich strecken sollte.

Er machte es plötzlich ganz von allein.

Dann war der Tag gekommen, an dem Lobo, Putzi und Sori sich verabschieden mussten.

Luzie konnte nun ohne sie durchs Leben „tanzen".

Zum Abschied machten Luzie, Lobo, Putzi und Sori in Luzies Zimmer eine tolle „Tanzparty".

Luzie startete ihre Lieblingsmusik und die vier Freunde tanzten, bis sie nicht mehr konnten!

Improvisationsbild 9) „Tanzparty“

- Die Kinder dürfen nun, wie Luzie und die Tanzgeister, frei zur Musik durch den Raum tanzen.
- Der Fokus liegt dabei auf der freien Bewegung im Raum sowie auf dem Einsatz der eigenen Fantasie und Kreativität.

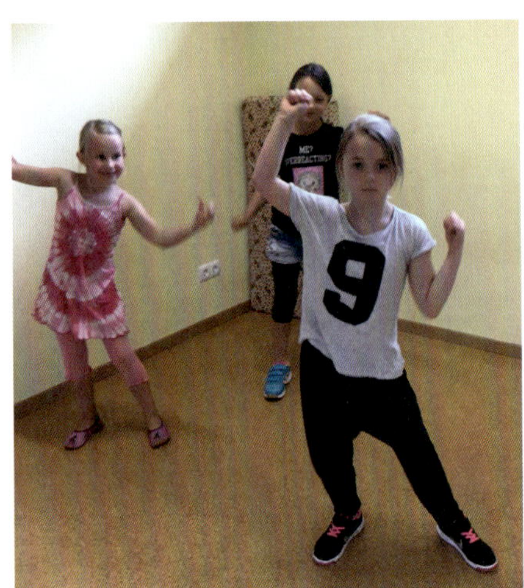

2.3.2 Zwei Arbeitsmethoden für den Unterricht

1
- **Die Geschichte wird komplett vorgelesen.**
- Die einzelnen Bilder werden gemeinsam mit den Kindern herausgefiltert.
- Die einzelnen Bewegungsbilder werden als Block zu entsprechenden Musikstücken in Bewegung umgesetzt.
- Die Umsetzung passiert innerhalb einer Unterrichtsstunde.

2
- Die Geschichte wird in den oben beschriebenen Abschnitten in unterschiedlichen Unterrichtsstunden vom ÜL vorgelesen.
- Zu jedem Abschnitt wird direkt im Anschluss das dazugehörige Improvisationsbild zur Musik umgesetzt.
- **Die Umsetzung der Geschichte wird auf mehrere Unterrichtsstunden verteilt.**

Aufgepasst!

Beim zweiten Arbeitsmodell können die einzelnen Abschnitte auf verschiedene Stunden aufgeteilt werden.

Hierbei kann man z. B. jede Woche 2-3 Abschnitte vorlesen und durch Improvisation interpretieren.

Dann wird der nächste Abschnitt der Geschichte für die kommende Woche angekündigt und aufgespart.

Mit diesem Prinzip kann man einige Unterrichtsstunden inhaltlich füllen.

Eine ausführliche methodische Anleitung zur Umsetzung einer solchen Geschichte im Unterricht finden Sie in Kap. 2.1.2 zur Geschichte „Fräulein Frühling und die Blumenelfen"!

Der Ablauf sowie die detaillierte Umsetzung sind auf diese Geschichte und ihren Aufbau übertragbar!

2.3.3 Arbeitsmodell für eine Aufführung

Diese Geschichte kann mit Grundschülern gut für eine kleine Aufführungssequenz einstudiert werden. Die Erarbeitung des kleinen Tanztheaterstückes kann als Unterrichtsinhalt in den Stundenablauf eingebaut werden.

Im Folgenden möchte ich Ihnen hierfür eine kurze Anleitung geben.

Rollen

- Erzähler
- Luzie
- Lobo, Putzi, Sori
- Tänzer (Ensemble)

Aufgepasst!

In den meisten Gruppen gibt es Kinder, die große Lust haben, vor einem Publikum aufzutreten und sich einzelne Rollen mit Freude zutrauen.

Andere Kinder wiederum möchten auf keinen Fall vorne im Rampenlicht stehen. Diese Kinder sind dann froh, wenn sie sich in der Menge sicher fühlen können.

Diese unterschiedlichen Persönlichkeiten können wir uns bei der Wahl bzw. Besetzung der Rollen zunutze machen.

Sollten es Auseinandersetzungen und Enttäuschungen bei der Rollenauswahl unter den Kindern geben, gibt es auch noch die Möglichkeit einer Doppelbesetzung!

Dramaturgie

Die Rolle des Erzählers stellt das Bindeglied zwischen den tänzerisch-musikalischen Sequenzen dar. Der Erzähler gibt die Geschichte vor, führt den Zuschauer durch das Geschehen und macht die getanzten Anteile verständlich.

Daher sollte der Erzähler immer einen besonderen Auftritt haben, sowie ein spezielles Aussehen (z. B. einen großen Hut, Mantel o. Ä). Der Erzähler kann ein großes Buch als Requisit unter dem Arm tragen, aus dem er die Geschichte jedes Mal vorliest. Dieser Auftritt, sowie das Kostüm, sollten dadurch einen Wiedererkennungseffekt erhalten.

Das Vorlesen der Geschichtsabschnitte macht die anschließenden Tanzszenen für den Zuschauer verständlich.

Der Ablauf besteht also aus den beiden Stilmitteln:

- Erzähler/Geschichte
- Tanz/Musik

Diese beiden Elemente wechseln sich stetig ab. Lediglich die Auf- und Abgänge der Darsteller sowie ihre Positionen verändern sich im Verlauf des Stückes. Diese Vorgehensweise macht eine schnelle Umsetzung des Stückes während des Probenprozesses möglich.

Stückablauf

BEGINN/ERZÄHLER 1)

Das Licht geht auf der Bühne an.

Erster Auftritt des Erzählers. Der Erzähler kommt auf die Bühne, begrüßt das Publikum und stellt sich vor.

Hier kann das jeweilige Kind, das den Erzähler spielt, seinen eigenen Namen nennen!

Der erste Abschnitt der Geschichte wird aus dem Buch vorgetragen.

WECHSEL AUF
Improvisationsbild 1) „Traurige Luzie"

Der Erzähler geht ab. Musik setzt ein und die „Tänzer" treten auf.

In der Mitte sitzt Luzie traurig auf dem Boden. Sie bildet den Mittelpunkt des Bildes und bleibt die ganze Zeit ruhig und verharrend dort sitzen. Die übrigen Kinder kommen „spielend" herein und toben um Luzie herum. Sie stellen das Geschehen auf dem Schulhof dar, an dem Luzie nicht teilnimmt.

Die Musik stoppt und die Szene auf der Bühne friert ein!

WECHSEL AUF ERZÄHLER 2)

Der Erzähler liest den zweiten Abschnitt der Geschichte vor. Er kommentiert das Gesehene nicht und mischt sich nicht ein!

Während der Erzähler liest, kommen die drei Tanzgeister auf die Bühne und gesellen sich zu Luzie (sie sitzt immer noch am selben Platz!). Die „Schulhofkinder" gehen zeitgleich zur Seite ab.

WECHSEL AUF
Improvisationsbild 2) **„Lobo"**

Der Erzähler geht auf die Seite der Bühne. Musik setzt ein. Zunächst beginnt Lobo, sich allein auf der Fläche zu bewegen. Er bewegt sich dabei, wie seine Figur es vorgibt.

Nach und nach kommen die anderen „Lobos" auf die Bühne und bewegen sich mit ihm in der gleichen Bewegungsqualität.

Sie stellen die Menschen dar, die durch den Tanzgeist auf diese Art bewegt werden!

Die Musik stoppt und die Szenerie friert ein.

WECHSEL AUF ERZÄHLER 3)

Der Erzähler kommt wieder zur Mitte der Bühne. Er bewegt sich durch die „eingefrorenen" Darsteller. Der nächste Tanzgeist wird vorgestellt.

WECHSEL AUF
Improvisationsbild 3) **„Putzi"**

Der Erzähler geht wieder auf die Seite. Mit ihm bewegen sich die „Lobos" von der Bühne runter. Lobo gesellt sich wieder zu Luzie.

Luzie bleibt die ganze Zeit an ihrem Platz!

Musik setzt ein.

Putzi beginnt, sich zur Musik auf seine Weise zu bewegen. Nach und nach kommen die anderen „Putzis" dazu. Die Musik stoppt und die Szenerie friert ein.

WECHSEL ERZÄHLER 4)

Der Erzähler bewegt sich durch die Darsteller zur Bühnenmitte. Der nächste Tanzgeist wird vorgestellt.

WECHSEL AUF
Improvisationsbild 4) „Sori"

Gleiche Vorgehensweise, wie oben beschrieben!

WECHSEL AUF ERZÄHLER 5)

Der Erzähler bewegt sich durch die Darsteller zur Bühnenmitte. Der nächste Abschnitt der Geschichte wird vorgelesen – „Luzies Angst"!

Während der Erzähler spricht, erhebt sich Luzie von ihrem Platz und geht im Hintergrund unsicher, ängstlich auf und ab. Zeitgleich gehen die „Soris" von der Bühne ab.

Die drei Tanzgeister bleiben an ihrem Platz sitzen.

WECHSEL AUF
Improvisationsbild 5) „Luzies Angst"

Die Musik setzt ein. Der Erzähler geht von der Bühne ab.

Luzie bewegt sich weiter zur Musik über die Bühne. Sie stellt nun durch ihre Bewegungen ihren Gemütszustand der Ängstlichkeit dar.

Nach und nach kommen die anderen Kinder heraus und gesellen sich mit dieser Bewegungsqualität zu ihr.

Alle stellen tänzerisch Luzies Ängste dar!

Die Musik stoppt! Die Darsteller auf der Bühne frieren ein.

WECHSEL AUF ERZÄHLER 6)

Der Erzähler kommt auf die Bühne, bleibt aber am Bühnenrand. Der nächste Abschnitt der Geschichte wird vorgetragen. Während die Geschichte vorgelesen wird, gehen die Darsteller von der Bühne ab.

Luzie setzt sich, da, wo sie war, auf den Boden.

WECHSEL AUF
Improvisationsbild 6) „Luzies Gang"

Die Musik setzt ein. Der Erzähler bleibt diesmal am Bühnenrand stehen. Auf der hinteren Seite der Bühne erscheint Sori und bleibt dort stehen.

Luzie erhebt sich langsam vom Boden und verändert sichtlich ihre Körperhaltung! Sie reckt sich, macht sich gerade und aufrecht. Luzie beginnt, mit einem sehr grazilen, aufrechten Gang über die Bühne zu gehen.

Nach und nach kommen die anderen Kinder auf die Bühne und bleiben, bewundernd ihr zuschauend, stehen. Luzie geht durch die stehenden „Bewunderer" hindurch.

Die Musik stoppt! Sori geht hinten von der Bühne ab. Die übrige Szenerie friert ein.

WECHSEL AUF ERZÄHLER 7)

Der Erzähler ist immer noch auf seiner Position am Bühnenrand und beginnt nun zu sprechen. Der nächste Abschnitt der Geschichte wird vorgetragen. Die Darsteller, ebenso Luzie, bleiben auf der Bühne stehen.

WECHSEL AUF
Improvisationsbild 7) „Luzies Sprünge"

Die Musik setzt ein. Der Erzähler bleibt wieder auf seiner Position am Bühnenrand stehen.

Mit Einsatz der Musik kommen hinten auf der Bühne die drei Tanzgeister raus, bleiben dort stehen und bewegen sich in ihren Bewegungsqualitäten auf ihrem Platz. Zeitgleich „erwachen" die anderen Darsteller mit dem Musikeinsatz zum Leben.

Das Bild des Sportunterrichts wird musikalisch-tänzerisch dargestellt.

Anfangs bleibt nur Luzie ganz ruhig an ihrem Platz stehen, während um sie herum die anderen Kinder beginnen, zu „turnen", zu laufen und zu springen.

Dann, plötzlich und synchron, bleiben die anderen Kinder stehen und schauen alle zu Luzie. Luzie beginnt nun, allein über die Bühne zu springen, zu hüpfen.

Sie macht weite Jetésprünge, auch gesprungene Drehungen o. Ä.

Die anderen Kinder schauen ihr staunend zu. Die Musik stoppt! Alle Darsteller, inklusive Luzie, gehen von der Bühne ab.

WECHSEL AUF ERZÄHLER 8)

Der Erzähler erscheint allein auf der Bühne. Der nächste Abschnitt der Geschichte wird vorgetragen.

WECHSEL AUF
Improvisationsbild 8) „Lobos Seile"

Die Musik setzt ein. Hinten auf der Bühne erscheint Lobo und bewegt sich langsam am Platz.

Der Erzähler bleibt auf der Bühne stehen – er friert ein! Mit der Musik kommen zuerst die Kinder auf die Bühne mit schwingenden Bewegungen.

Nach einiger Zeit kommt Luzie heraus. Alle Kinder bleiben nach und nach stehen und schauen auf Luzie. Luzie bewegt sich allein über die Bühne mit großen Armschwüngen und Drehungen etc. Die Kinder und Luzie bewegen sich zur Musik von der Bühne ab.

Die Musik wird langsam leiser, wenn die Bühne leer ist.

WECHSEL AUF ERZÄHLER 9)

Wenn die Musik leiser wird, „erwacht" der Erzähler. Er stand vorher bewegungslos zwischen den tanzenden Kindern. Der letzte Abschnitt der Geschichte wird erzählt.

WECHSEL AUF
Improvisationsbild 9) „Tanzparty"

Eine schnelle, fetzige Musik setzt ein. Der Erzähler geht von der Bühne ab.

Mit dem Abgang des Erzählers kommen zuerst die drei Tanzgeister auf die Bühne. Sie bewegen sich in ihren Bewegungsqualitäten zur Musik über die Bühne.

Dann kommt Luzie dazu und tanzt mit ihnen über die Bühne. Zum Schluss kommen alle Kinder auf die Bühne und alle tanzen wild über die Bühne.

ABSCHLUSS/FINALE

Durch die tanzenden Kinder hindurch kommt auch der Erzähler langsam auf die Bühne und geht durch die tanzende Menge. Wenn er vorne am Bühnenrand zum Stehen kommt, geht die Musik plötzlich aus – CUT!

Die tanzenden Kinder halten inne – sie frieren ein. Nun verabschiedet sich der Erzähler vom Publikum und läutet das Ende der Vorstellung ein!

ENDE!

Dieses Arbeitsmodell für eine kleine Aufführung ist als ein Beispiel von vielen Möglichkeiten gedacht.

2.3.4 Dramaturgische und technische Mittel

1. Der schnelle Wechsel zwischen den einzelnen Szenen lässt sich einfach gestalten und innerhalb der Proben zügig umsetzen. Der Ablauf ist ebenfalls gut verständlich und nachvollziehbar für die Schüler.
2. Durch diese Gestaltung sind alle Kinder weitestgehend gleichmäßig beschäftigt und die Auswahl einzelner Rollen hält sich in Grenzen.
3. Es sind bei diesem dramaturgischen Aufbau keinerlei Bühnenbilder oder Kulissen notwendig.
4. Es müssen keinerlei Aufbauten auf die Bühne gebracht werden. Ebenfalls fallen keine Umbauten von Bühnenelementen innerhalb des Stückes an.
5. Das Stück kann, mit dieser Herangehensweise, in unterschiedlichsten Räumlichkeiten zur Aufführung gebracht werden. In vereinfachter Version ist es durchaus auch möglich, ein solches Stück in einem Klassenraum aufzuführen.
6. Es werden nur wenige zusätzliche Requisiten benötigt, sodass der vorherige Vorbereitungsaufwand gering ausfällt.
7. Für die Umsetzung einer solchen Stückkonzeption bedarf es keiner besonderen Lichteffekte.
8. Diese Stückkonzeption kann mit beliebig vielen Schülern durchgeführt werden. Die Besetzung kann immer flexibel an die Gruppengröße angepasst werden.

2.3.5 Überblick

Erzähler 1)

Improbild 1 „Traurige Luzie"

Erzähler 2)

Improbild 2 „Lobo"

Erzähler 3)

Improbild 3 „Putzi"

Erzähler 4)

Improbild 4 „Sori"

Erzähler 5)

Improbild 5 „Luzies Angst"

Erzähler 6)

Improbild 6 „Luzies Gang"

Erzähler 7)

Improbild 7 „Luzies Sprünge"

Erzähler 8)

Improbild 8 „Lobos Seile"

Erzähler 9)

Improbild 9 „Tanzparty/Finale"

Abschlusspose

2.4 Tim will tanzen

Eine Tanzgeschichte für Kinder von 6-8 Jahren

In diesem Teilkapitel wird eine kleine Geschichte vorgestellt, die in ihren Inhalten so von mir konzipiert wurde, dass die darin enthaltenen Bilder einfach in tänzerische Sequenzen umsetzbar sind.

Die Geschichte gliedert sich in neun Improvisationsbilder, deren Inhalte in den Erzählerabschnitten vorbereitet und vorgestellt werden.

Die erzählten Abschnitte werden von einem Erzähler vorgetragen. Dazwischen finden Sie die tänzerischen Improvisationseinheiten, die mit Musik in die Erzählung hineingesetzt werden.

Die einzelnen Anleitungen zur genauen Umsetzung und zur Gliederung der Unterrichtseinheiten finden Sie im Anschluss an die Geschichte.

2.4.1 Die Geschichte und die Improvisation

Erzähler

Tim ist ein ganz normaler Junge.

Er spielt gerne mit seinen Freunden Fußball und klettert auf jeden Baum.

Eines Tages, nach dem Mittagessen in der Schule, ging Tim an der Aula der Schule vorbei und die Tür stand offen. Die Hip-Hop-Stunde vom Nachmittagskurs an der Schule war in vollem Gange. Tim blieb stehen und schaute heimlich durch die Tür zu.

Die Musik war laut und cool. Tim hörte solche Musik auch gerne zu Hause. Die Bewegungen, die die Schüler dazu machten, waren auch cool! Es waren auch drei Jungen dabei, die supertoll tanzen konnten.

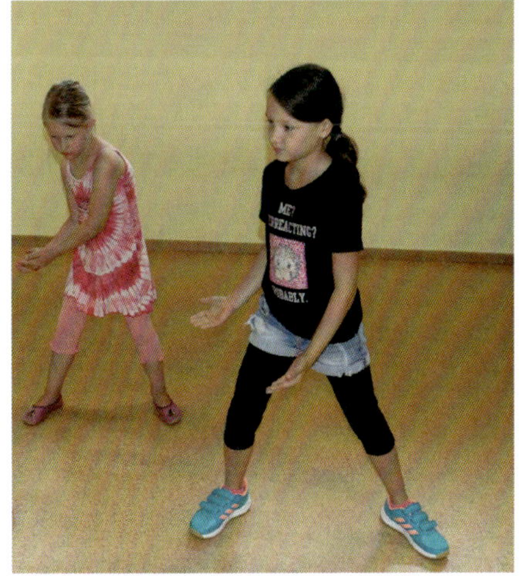

Improvisationsbild 1) „Hip Hop"

- Die Kinder dürfen selbst ausprobieren, wie sich „coole Hip Hopper" bewegen.
- Kinder, die eventuell schon in einem anderen Kurs Hip Hop getanzt haben, können hier ihr Können zeigen.

- Innerhalb dieser Improvisation können die Kinder sich völlig frei bewegen – es sollen nicht unbedingt Bewegungen des ÜL vorgegeben werden.
- Der Fokus liegt dabei auf der Nachahmung bereits gesehener Bewegungsabläufe aus dem Hip-Hop-Bereich.

Erzähler

Da rief plötzlich sein Freund Paul nach Tim und er ging schnell raus auf den Schulhof.

Als Tim an diesem Tag nach Hause ging, wurde in ihm der Wunsch immer größer, auch so tanzen zu können. In den nächsten Tagen dachte er immer wieder an den Tanzkurs.

Aber er hatte Angst, nicht so gut tanzen zu können wie die anderen Kinder und von ihnen ausgelacht zu werden.

Tim probierte sogar zu Hause, für sich allein zur Hip-Hop-Musik zu tanzen – aber er kam sich immer wieder blöd dabei vor! Sein unerfüllter Wunsch, tanzen zu können, machte ihn immer trauriger.

Improvisationsbild 2) „Trauriger Tim"

- Die Kinder sollen den Gefühlszustand von Tim durch Improvisation in Bewegung umsetzen.
- Sie sollen sich zu melancholischer Musik traurig durch den Raum bewegen.
- Der Fokus dabei liegt auf langsamen, schleppenden Bewegungsqualitäten.

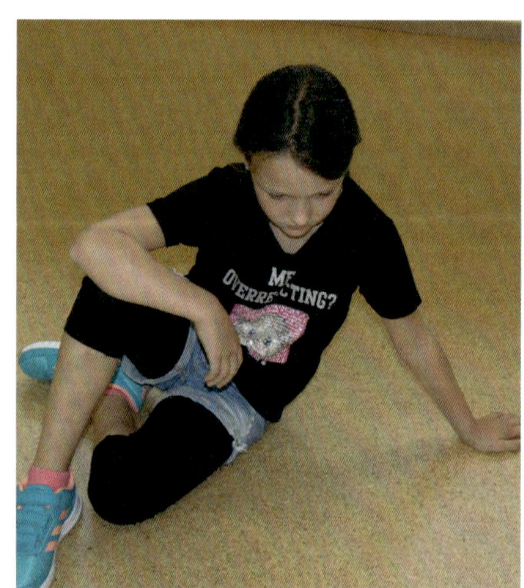

Erzähler

Eines Tages ging Tim durch den Park von der Schule nach Hause. Da lag auf einer Bank ein rotes Käppi. Tim blieb stehen und sah sich das Käppi an – es sah ziemlich cool aus. Aber er wollte es nicht einfach mitnehmen, wer wusste, wem es gehörte?!

Als Tim gerade weitergehen wollte, da hörte er plötzlich eine Stimme:

„Hey, du, setz mich auf!"

„Wer spricht denn da?", fragte Tim.

„Ich, das Käppi! Setz mich doch mal auf!" „Das gibt´s doch nicht!", sagte Tim ungläubig, schaute sich unsicher um, nahm dann das Käppi und setzte es auf.

In dem Moment, als er das Käppi aufsetzte, hörte er coole Musik und ein Ruck ging durch seinen Körper – er konnte nicht anders, er fing einfach an zu tanzen!

Improvisationsbild 3) **„Käppi"**

Requisit: Käppi/Mütze/Hut

- Die Kinder dürfen nun den Zauber des Käppis selbst ausprobieren.
- Es gibt ein Käppi, das auf ein Zeichen des ÜLs (z. B. in die Hände klatschen) immer weiter von Schüler zu Schüler geworfen wird.
- Jeder Schüler, der das Käppi fängt, soll es aufsetzen und dann beginnen zu tanzen.
- Auf das nächste Zeichen (Klatschen) des ÜLs wird das Käppi zum nächsten Schüler weitergeworfen.
- In der tänzerischen Improvisation, während das Käppi getragen wird, sind die Kinder völlig frei.

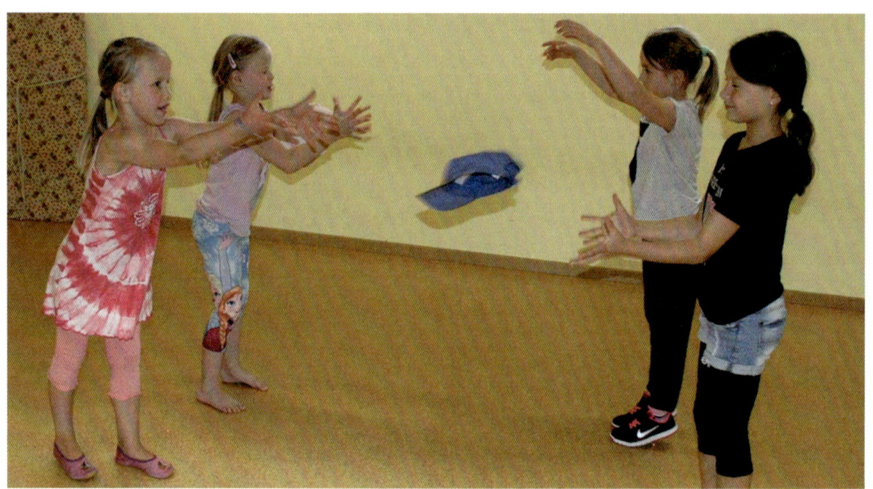

Variante:

Für einige Kinder ist es schwierig, allein mit dem Käppi auf dem Kopf zu tanzen. Sie haben Hemmungen, diese Improvisation allein durchzuführen.

Hier gibt es die Möglichkeit, 2-3 Käppis weiterzugeben, sodass immer 2-3 Kinder tanzen sollen.

So sind es kleine Gruppen und die Kinder müssen keine Hemmungen haben, allein tanzen zu müssen.

Erzähler

Schnell nahm Tim das Käppi vom Kopf. Augenblicklich hörte er auf zu tanzen.

„Krass!", entfuhr es Tim. Es hatte sich super angefühlt. „Nimm mich mit!", sagte das Käppi zu Tim.

Er konnte das Ganze kaum glauben, aber er steckte das Käppi schnell in seine Tasche und nahm es mit nach Hause. Zu Hause, allein in seinem Zimmer, probierte er das Käppi mehrmals aus. Es funktionierte tatsächlich – jedes Mal begann er supercool zu tanzen.

Und nicht nur das! Das Käppi sprach auch mit ihm, ja, sie verstanden sich sogar richtig gut!

Tim erzählte dem Käppi von seinem Wunsch, in dem Tanzkurs mitzutanzen und das Käppi machte ihm Mut, einfach mal hinzugehen und es auszuprobieren.

Am Tag des Hip-Hop-Kurses ging Tim tatsächlich zur Aula, mit seinem Käppi auf dem Kopf. Zuerst blieb er an der offenen Tür stehen und schaute nur zu – er traute sich nicht, hineinzugehen.

Improvisationsbild 4) „Schüchtern"

- Die Kinder sollen zuerst zusammen mit dem ÜL klären, wie man sich bewegt oder benimmt, wenn man schüchtern oder ängstlich ist.
- Herausgefiltert werden sollten Bewegungsqualitäten, die zurückgenommen, klein, eng, verkrampft sein sollten – dies kann vom ÜL gelenkt werden!
- Dann sollen die Kinder diese Bewegungsqualitäten zu einer passenden Musik selbst ausprobieren.

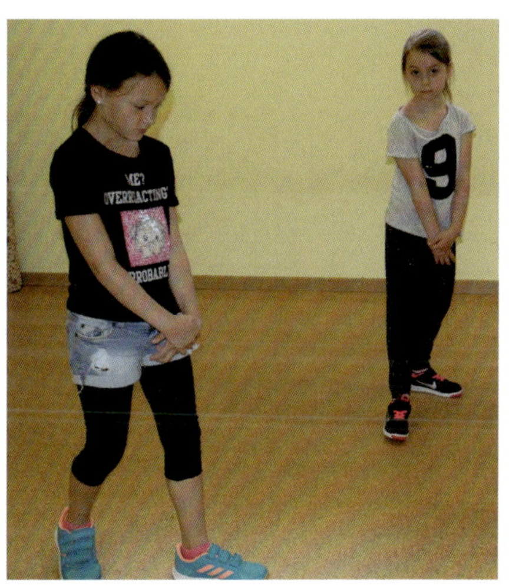

- Der Fokus sollte dabei darauf liegen, dass die Kinder durch die Bewegung des Körpers das unangenehme Gefühl dieser Körperlichkeit wahrnehmen können.
- In dieser Improvisation sollte der ÜL anleitend und unterstützend mit hineingehen.

Schließlich gab Tim sich einen Ruck und ging doch in den Raum hinein und fragte den Lehrer, ob er mitmachen dürfte. Der Lehrer erlaubte es und sagte auch nichts, als Tim sein Käppi in der Stunde aufsetzte.

Sobald Tim das Käppi aufsetzte und die Musik einsetzte, begann er, supercool zu tanzen. Die anderen Kinder schauten ihm erstaunt zu und auch der Lehrer war sehr überrascht. Die Stunde verging wie im Flug und Tim war so glücklich wie noch nie in seinem Leben.

Von da an ging Tim jede Woche in den Tanzkurs und auch an den anderen Tagen traf er sich mit den anderen Jungen aus dem Kurs und sie übten ihre Tanzmoves zu Hause und auf der Straße.

Eines Nachmittages ging Tim mal wieder durch den Park nach Hause. Plötzlich kam ein heftiger Windstoß, wehte ihm sein Käppi vom Kopf und trug es mit sich fort.

Tim bekam einen gehörigen Schreck und er lief dem Käppi, das durch die Luft getragen wurde, durch den ganzen Park kreuz und quer hinterher.

Improvisationsbild 5)

„Lauf durch den Park"

- Die Kinder sollen Tims Lauf durch den Park ausprobieren.
- Sie dürfen dabei zu einer schnellen Musik durch den Raum laufen und sollen dabei abrupt die Richtung wechseln.

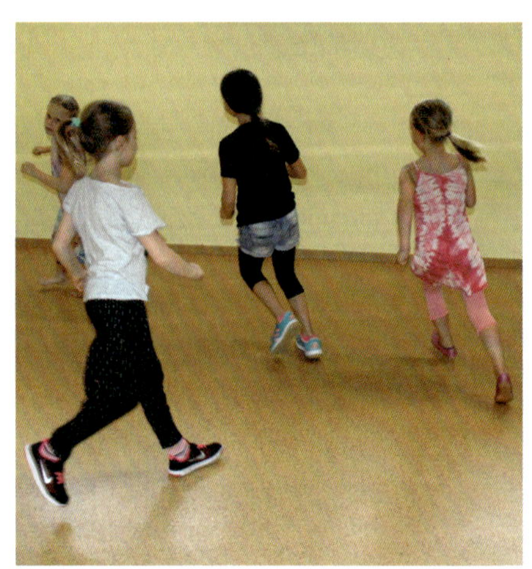

- Der Fokus liegt auf der Raumwahrnehmung sowie auf der Schulung von Orientierung im Raum und dem Reaktionsvermögen der Kinder.

Erzähler

Tim konnte das Käppi nicht wieder einfangen. Mit einem neuen, kräftigen Windstoß flog es noch höher und Tim konnte es bald nicht mehr erkennen.

Aber kurz bevor das Käppi in der Luft verschwand, meinte Tim noch einen letzten Satz von ihm zu hören: „Du schaffst das nun auch allein!", rief das Käppi noch und war verschwunden.

Tim ging traurig nach Hause und vermisste sein Zauberkäppi sehr. Trotzdem beschloss er, zur nächsten Hip-Hop-Stunde ohne sein Käppi zu gehen, denn ohne das Tanzen konnte er nicht mehr sein.

Der Lehrer begann die Stunde mit einem Tanzbattle, in dem die Kinder im Kreis tanzen sollten. Bisher war Tim immer einer der Besten gewesen und es hatte ihm großen Spaß gemacht. Diesmal hatte er Angst. Er fasste all seinen Mut zusammen und ging schließlich in den Kreis.

Er hörte auf die Musik und begann, plötzlich zu tanzen, so, als ob das Käppi noch auf seinem Kopf säße. Er schaffte es tatsächlich allein – das Käppi hatte recht gehabt! Die anderen Kinder klatschten und auch der Lehrer war begeistert.

Schließlich tanzten alle Kinder wie wild durch den Raum und es wurde fast wie eine große Party. Tim hatte es geschafft – Tim konnte tanzen und tat es fortan sein ganzes Leben lang!

Improvisationsbild 6) „Tanzparty“

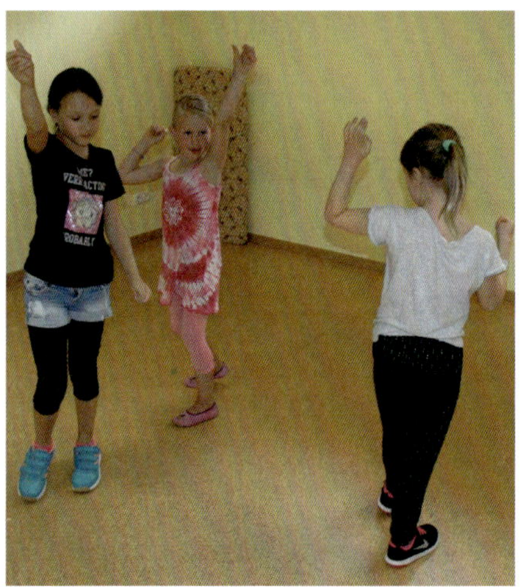

- Die Kinder dürfen jetzt, ähnlich wie am Anfang, frei zu cooler Musik durch den Raum tanzen.
- Alle Kinder dürfen dabei wieder zeigen, was sie tänzerisch können.
- Es gibt dabei keine Vorgabe vom ÜL.

Variante:

An dieser Stelle könnte auch ein tatsächliches Tanzbattle durchgeführt werden!

Dazu sollen sich die Kinder im Kreis aufstellen und es wird eine coole Musik gestartet.

Alle Kinder beginnen, im Takt der Musik zu klatschen.

Die Kinder, die sich trauen und Lust haben, gehen nun in den Kreis hinein und tanzen im sogenannten *Freestyle* (freier Tanzstil) zur Musik.

2.4.2 Zwei Arbeitsmethoden für den Unterricht

Inhaltlich gleichen die beiden Arbeitsmethoden denen der Geschichten „Luzie und die Tanzgeister" und „Das kleine Gespenst (...)".

1

- **Die Geschichte wird komplett vorgelesen.**
- Die einzelnen Bilder werden gemeinsam mit den Kindern herausgefiltert.
- Die einzelnen Bewegungsbilder werden als Block zu entsprechenden Musikstücken in Bewegung umgesetzt.
- Die Umsetzung passiert innerhalb einer Unterrichtsstunde.

2

- Die Geschichte wird in den oben beschriebenen Abschnitten in unterschiedlichen Unterrichtsstunden vom ÜL vorgelesen.
- Zu jedem Abschnitt wird direkt im Anschluss das dazugehörige Improvisationsbild zur Musik umgesetzt.
- **Die Umsetzung der Geschichte wird auf mehrere Unterrichtsstunden verteilt.**

2.4.3 Arbeitsmodell für eine Aufführung

Die Geschichte „Tim will tanzen" kann mit Grundschülern für eine kleine Aufführungssequenz einstudiert und umgesetzt werden. Die Erarbeitung des kleinen Tanztheaterstückes kann inhaltlich in den Unterricht eingebaut werden.

Im Folgenden möchte ich Ihnen hierfür eine kurze Anleitung geben.

Rollen

- Tim
- Erzähler
- Tänzer

In diesem Stück gibt es eine Hauptrolle, nämlich „Tim". Zusätzlich gibt es die Figur des Erzählers. Weiterhin gibt es nur Ensemblearbeit bzw. Ensembleauftritte!

Rollenauswahl

Die Rolle „Tims" sollte einem Kind gegeben werden, das sich zutraut, oft allein auf der Bühne zu agieren.
Gleichzeitig sollte das Kind wenig Hemmungen vor Improvisationen haben und sich nicht scheuen, in die freie Bewegung zu gehen.

Die Auswahl der Rollenbesetzung kann auf zweierlei Wegen passieren:

1. Die Entscheidung wird einfach vom ÜL vorgegeben.
2. Es wird eine Art Auswahlverfahren genutzt, bei dem die Kinder Improvisationsaufgaben lösen sollen und aus den besten Darstellungen immer wieder Kinder ausgewählt werden, von denen schlussendlich dann eines übrig bleibt.

Aufgepasst!

Bei der zweiten Variante kann es zu Neid, Missgunst und Enttäuschungen unter den Kindern kommen!

Meine Erfahrungen haben gezeigt, dass es bei der Rollenbesetzung oftmals besser funktionierte, die Entscheidung vorzugeben – ohne Diskussion!

Ähnliche Kriterien gelten für die Rolle des Erzählers!

Die Rolle des Erzählers kann im Zweifelsfall vom ÜL übernommen werden!

Dramaturgie

Die Dramaturgie des Stückes gestaltet sich ähnlich wie die des Stückes „Luzie und die Tanzgeister".

Die Figur des Erzählers bildet wieder die Verbindung zwischen den Tanzsequenzen und fungiert als erklärendes Element der Geschichte. Daher sollte der Erzähler immer einen besonderen Auftritt haben, sowie ein spezielles Aussehen (z. B. einen großen Hut, Mantel o. Ä). Der Erzähler kann ein großes Buch als Requisit unter dem Arm tragen, aus dem er die Geschichte jedes Mal vorliest. Dieser Auftritt, sowie das Kostüm, sollten dadurch einen Wiedererkennungseffekt erhalten.

Das Vorlesen der Geschichtsabschnitte macht die anschließenden Tanzszenen für den Zuschauer verständlich.

Der Ablauf besteht aus zwei Stilmitteln:

- Erzähler/Geschichte
- Tanz/Musik

Diese beiden Elemente wechseln sich stetig ab. Lediglich die Auf- und Abgänge der Darsteller, sowie ihre Positionen verändern sich im Verlauf des Stückes. Diese Vorgehensweise macht eine schnelle Umsetzung des Stückes während des Probenprozesses möglich.

Stückablauf

BEGINN/ERZÄHLER 1)

Auf der Bühne ist im Hintergrund Tim zu sehen. Er sitzt auf einem Hocker (o. Ä.) und bewegt sich nicht (eingefroren).

Der Erzähler kommt auf die Bühne. Er geht einmal um Tim herum, während er sich vorstellt und die Zuschauer begrüßt. Tim rührt sich dabei nicht!

Dann kommt der Erzähler nach vorne zum Bühnenrand und beginnt, den ersten Abschnitt der Geschichte zu erzählen.

WECHSEL AUF
Improvisationsbild 1) „Hip Hop"

Die Musik setzt ein und der Erzähler verlässt die Bühne. Parallel kommen die Darsteller auf die Bühne und beginnen, eine Hip-Hop-Choreografie synchron zu tanzen. Plötzlich frieren die Tänzer in ihrer Bewegung ein.

Die Bewegung, in der die Tänzer innehalten, wird vorher gemeinsam mit dem ÜL festgelegt!

Die Musik läuft weiter!

Tim steht langsam auf, geht durch die Tänzer hindurch und schaut sie sich genau an. Dann geht er weiter zum Bühnenrand und bleibt dort stehen. Er nimmt eine nachdenkliche Körperhaltung ein.

Im Hintergrund beginnen die Tänzer wieder, eine gemeinsame Choreografie zu tanzen. Nach einiger Zeit tanzen sie von der Bühne.

Tim bleibt vorne am Bühnenrand bewegungslos stehen.

WECHSEL AUF ERZÄHLER 2)

Während die Tänzer von der Bühne tanzen, kommt von der anderen Seite der Erzähler auf die Bühne. Die Musik wird leiser.

Wenn die Musik ausgeblendet ist, beginnt der Erzähler, den nächsten Abschnitt der Geschichte vorzutragen.

WECHSEL AUF

Improvisationsbild 2) **„Trauriger Tim"**

Eine traurige Musik setzt ein. Der Erzähler stellt sich neben Tim. Dieser beginnt, sich langsam und schleppend zu bewegen.

Die Bewegungen können abstrakt sein!

Die Bewegungsqualitäten dieser Sequenz sollten Tims traurigen Gemütszustand widerspiegeln.

Diese Sequenz kann mit dem Darsteller Tims allein ausgearbeitet werden! In diesem Improvisationsbild agiert Tim tänzerisch allein auf der Bühne. Der Erzähler ist ebenfalls dabei, bleibt aber nur beobachtend an der Seite.

WECHSEL AUF ERZÄHLER 3)

Tim bleibt an einer Seite der Bühne stehen und „friert ein". Die Musik wird leiser und stoppt schließlich ganz.

Der Erzähler kommt von seiner seitlichen Position nach vorne zum Bühnenrand. Der Erzähler beginnt, den nächsten Abschnitt der Geschichte vorzulesen.

Tim bleibt die ganze Zeit über auf der Bühne.

Während der Erzähler den Abschnitt vorträgt, spielt Tim im Hintergrund parallel, was passiert. Ein rotes Käppi wird von der Seite auf die Bühne geworfen und Tim hebt es auf. Er spielt pantomimisch, was der Erzähler berichtet.

WECHSEL AUF

Improvisationsbild 3) **„Käppi"**

Die Musik setzt plötzlich ein. Mit der Musik kommen die anderen Tänzer auf die Bühne. Der Erzähler geht parallel ab. Tim bleibt an der Bühnenseite mit dem roten Käppi stehen.

(Entscheidung des ÜL, ob er das Käppi bereits auf dem Kopf trägt oder es noch ungläubig in den Händen hält!)

Die Tänzer tanzen wild zur Musik durcheinander und 2-3 rote Käppis werden dabei von Tänzer zu Tänzer weitergeworfen. Einige Tänzer, die vorher festgelegt wurden, können auch mit den Käppis tänzerisch improvisieren. Plötzlich halten alle Tänzer zu einem vorher vereinbarten Signal in der Bewegung inne. Sie „frieren" in der Bewegung ein!

Nun setzt Tim das Käppi langsam auf (sofern er es noch nicht auf dem Kopf hat!). Er beginnt, sich nun mit dem Käppi auf dem Kopf zu bewegen. Seine Bewegungen gehen langsam, fließend in „coole" Hip-Hop-Moves über.

Hier kann ein Musikwechsel stattfinden!

Tim tanzt nun richtig gut im tänzerischen Hip-Hop-Stil und wird dabei immer besser und leidenschaftlicher. Plötzlich stoppt die Musik, Tim nimmt das Käppi vom Kopf und bleibt in der Bewegung abrupt stehen.

Die übrigen Tänzer, die noch auf der Bühne waren, gehen nun ab. Tim bleibt auf seiner Position still stehen, hält das Käppi in der Hand und betrachtet es staunend.

Der Erzähler kommt ins Licht.

WECHSEL AUF ERZÄHLER 4)

Der Erzähler trägt den nächsten Abschnitt der Geschichte vor. Während er spricht, geht er fortwährend um den still stehenden Tim herum.

Zum Ende seines Vortrages kommen leise die Tänzer auf die Bühne und versammeln sich auf einer Seite der Bühne. Der Erzähler geht dann von der Bühne ab.

WECHSEL AUF

Improvisationsbild 4) „Schüchtern"

Die Musik setzt ein. Die Musik wird an dieser Stelle langsam hochgefahren. Es sollte hierbei eher langsame, stille Musik gewählt werden!

Der Pulk von Tänzern auf der einen Seite der Bühne bewegt sich konträr zur Musik mit Hip-Hop-Bewegungen, die aber in Zeitlupe abzulaufen scheinen. Die Tänzer agieren dabei synchron als Pulk/Masse. Sie agieren extrem langsam!

Tim beginnt zeitgleich, sich um den Tänzerpulk herum zu bewegen. Er bewegt sich dabei langsam, zurückhaltend, schüchtern. Tim sollte in seinen Bewegungen diesen Gemütszustand ausdrücken und darstellen. Die einzelnen Bewegungen und ihr Charakter können in einzelnen Proben separat erarbeitet werden.

Die Musik wird genauso, wie am Beginn, langsam wieder leiser.

Wenn die Musik gänzlich verstummt ist, steigen die Tänzer aus ihren surrealen Bewegungen aus und gehen lachend, kichernd, tuschelnd etc. von der Bühne **(so, als wenn sie eine Tanzstunde verlassen!).**

Tim schaut ihnen nach und bleibt wieder an seinem Platz.

Der Erzähler betritt die Szenerie.

WECHSEL AUF ERZÄHLER 5)

Der Erzähler liest den nächsten Abschnitt der Geschichte vor. Tim setzt sich das Käppi auf den Kopf und spaziert während der Erzählung über die Bühne.

Zum Ende des Abschnitts läuft ein Tänzer über die Bühne, reißt Tim das Käppi vom Kopf, um anschließend springend und hüpfend mit dem Käppi über die Bühne zu laufen.

WECHSEL AUF

Improvisationsbild 5) „Lauf durch den Park"

Der Erzähler begibt sich an die Bühnenseite. Eine schnelle, rasante Musik setzt ein.

Der Tänzer mit dem Käppi hüpft und springt weiterhin mit dem Käppi über die Bühne. Nun beginnt Tim, hinter ihm herzulaufen, um das Käppi zurückzubekommen. Sie verfolgen sich, springen und laufen umeinander herum. Zwischendurch hält er Tim das Käppi hin, nur, um es dann wieder wegzuziehen und davonzuspringen. Eine Art Verfolgungsjagd entspinnt sich zur Musik.

Die Tänzer und Tim laufen nun von der Bühne. Zeitgleich wird die Musik immer leiser und verstummt schließlich ganz.

Der Erzähler tritt wieder zur Bühnenmitte.

WECHSEL AUF ERZÄHLER 6)

Der Erzähler trägt den letzten Abschnitt der Geschichte vor. Während er spricht, kommt von hinten Tim traurig und niedergeschlagen auf die Bühne. Er bewegt sich in dieser Bewegungsqualität schleppend über die Bühne. Dann findet er sich an einem Platz auf der Bühne ein und bleibt dort stehen.

Wenn Tim steht, kommen die anderen Tänzer sprechend und flüsternd auf die Bühne. Sie postieren sich auf der anderen Seite der Bühne, Tim gegenüber.

Der Erzähler beendet seinen Vortrag und setzt sich an der Bühnenseite auf einen Stuhl, der zwischenzeitlich dort aufgestellt wurde.

WECHSEL AUF

Improvisationsbild 6) „Tanzparty"

Eine mitreißende Musik setzt ein. Der Tänzerpulk beginnt, sich gleichmäßig, rhythmisch zur Musik zu bewegen.

Tim steht vor ihnen, ohne sein Käppi und zunächst merkt man ihm seine Unsicherheit an. Doch langsam beginnt er, sich nur zur Musik zu bewegen. Er steigert sich, findet zusehends in die Musik und beginnt schließlich, cool und wild zu tanzen.

Die tänzerischen Moves von Tim und die Schrittabfolgen können oder sollen vielmehr vorher festgelegt und genau einstudiert werden!

Langsam setzen die anderen Tänzer mit ein und daraus entsteht eine gemeinsame Choreografie im Hip-Hop-Stil, die schließlich von allen synchron getanzt wird.

Diese gemeinsame Choreografie stellt die Finalchoreografie dar!

Aus der synchronen Choreografie kann dann noch eine frei getanzte, partyähnliche Sequenz entstehen, in der die Tänzer wild über die Bühne fegen und eine „Party" feiern.

ABSCHLUSS

Die Musik wird schließlich immer leiser und die Tänzer halten in ihren Bewegungen inne und bleiben auf der Bühne stehen.

Der Erzähler erhebt sich von seinem Stuhl am Rand und geht mit zur Bühnenmitte. Der Erzähler kann nun noch einige abschließende Sätze sprechen und die Aufführung beenden.

2.4.4 Dramaturgische und technische Mittel

1. Der schnelle Wechsel zwischen den einzelnen Szenen lässt sich einfach gestalten und innerhalb der Proben zügig umsetzen. Der Ablauf ist ebenfalls gut verständlich und nachvollziehbar für die Schüler.

2. Durch diese Gestaltung sind alle Kinder weitestgehend gleichmäßig beschäftigt und die Auswahl einzelner Rollen hält sich in Grenzen.

3. Es sind bei diesem dramaturgischen Aufbau keinerlei Bühnenbilder oder Kulissen notwendig.

4. Es müssen keinerlei Aufbauten auf die Bühne gebracht werden. Ebenfalls fallen keine Umbauten von Bühnenelementen innerhalb des Stückes an.

5. Das Stück kann mit dieser Herangehensweise in unterschiedlichsten Räumlichkeiten zur Aufführung gebracht werden. In vereinfachter Version ist es durchaus auch möglich, ein solches Stück in einem Klassenraum aufzuführen.

6. Es werden nur wenige zusätzliche Requisiten benötigt, sodass der vorherige Vorbereitungsaufwand gering ausfällt.

7. Für die Umsetzung einer solchen Stückkonzeption bedarf es keiner besonderen Lichteffekte.

8. Diese Stückkonzeption kann mit beliebig vielen Schülern durchgeführt werden.

   Die Besetzung kann immer flexibel an die Gruppengröße angepasst werden.

2.4.5 Überblick

Erzähler 1)

Improbild 1 „Hip Hop"

Erzähler 2)

Improbild 2 „Trauriger Tim"

Erzähler 3)

Improbild 3 „Käppi"

Erzähler 4)

Improbild 4 „Schüchtern"

Erzähler 5)

Improbild 5 „Lauf durch den Park"

Erzähler 6)

Improbild 6 „Tanzparty"

Abschluss

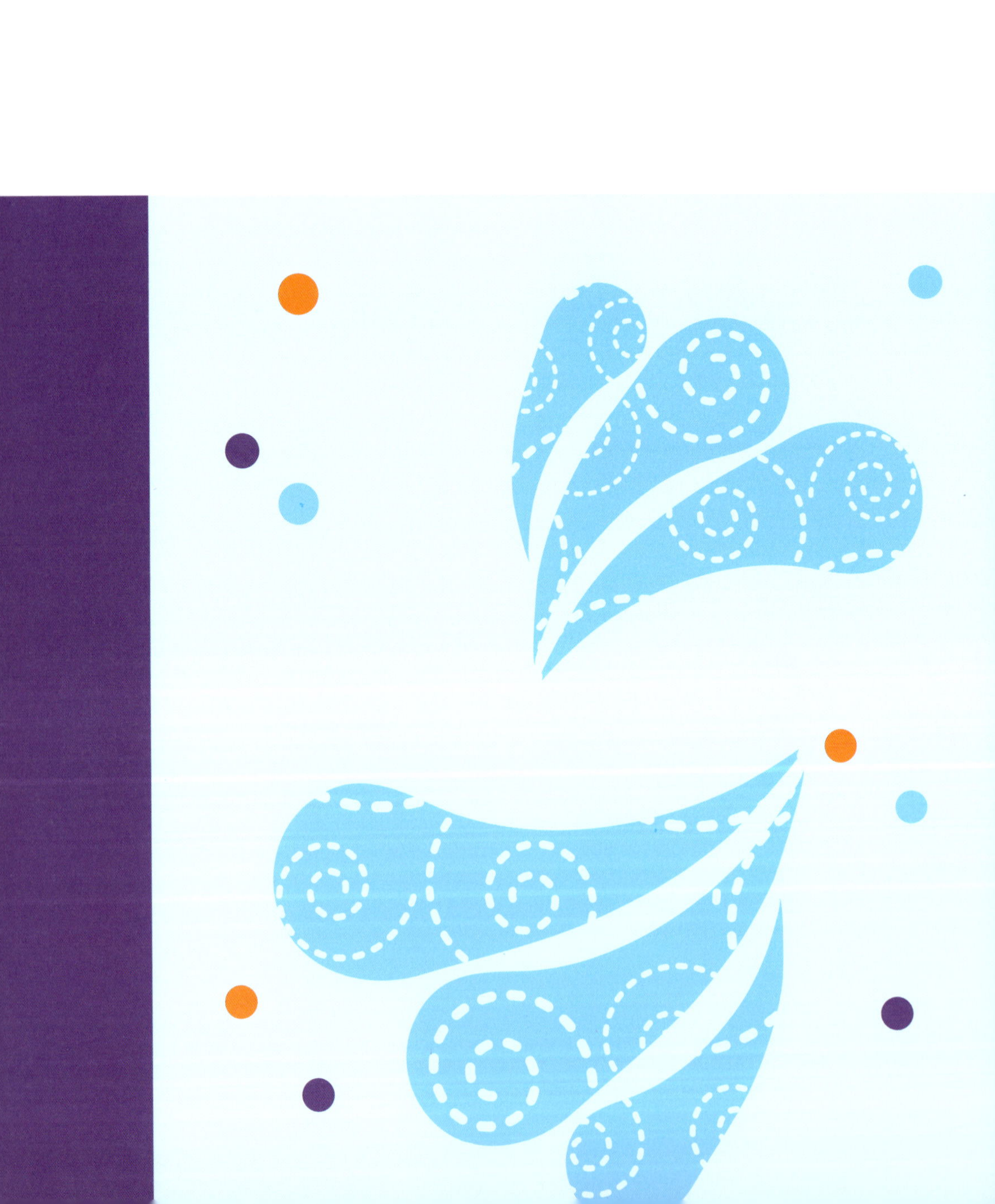

KAPITEL 3

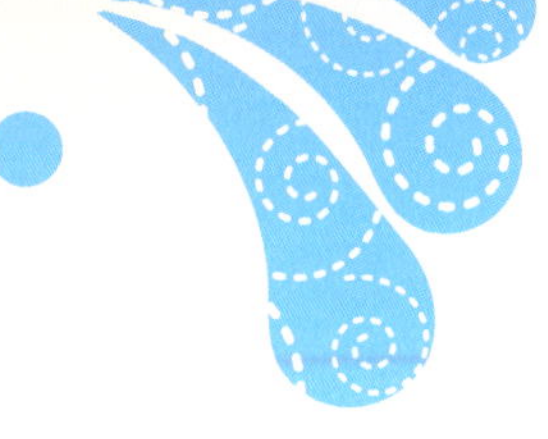

3 TANZTHEATER MIT KINDERN AB 11 JAHREN

In diesem Kapitel soll es um Anleitungen zur Entwicklung von Tanztheaterstücken mit Kindern ab 11 Jahren gehen.

Ich habe in den Jahren 2009-2012 insgesamt vier Tanztheaterprojekte in Celle konzipiert und in Regie und Dramaturgie umgesetzt. In allen Tanztheaterprojekten tanzten Kinder zwischen 10 und 18 Jahren mit.

Die drei letzten Produktionen liefen unter dem Titel „Kunst an ungewöhnlichen Orten" und wir „be-tanzten" jeweils ein Parkhaus, eine Hochregallagerhalle und schließlich inszenierten wir ein Wandertheater, indem wir das Publikum in drei Gelenkbussen zu fünf verschiedenen Locations der Stadt fuhren.

In allen Projekten wirkten zwischen 30 und 80 Kinder und Jugendliche mit.

Meine ursprüngliche Idee, die diesen Projekten zugrunde lag, war, dass möglichst viele Kinder, Mädchen und Jungen, verschiedenster Altersstufen, aus unterschiedlichsten Milieus und kulturellen Hintergründen, gemeinsam ein Tanztheaterstück entwickeln und anschließend als Ensemble auf der Bühne stehen sollten. Dabei sollten sie an den Inhalten des Stückes und dessen Dramaturgie maßgeblich beteiligt sein.

Das Thema sollte möglichst nah an ihrer Lebenswelt dran sein und die Texte und die Tanz- und Bewegungssequenzen sollten von den Kindern mitgestaltet werden. Außerdem war meine Vorstellung, dass es in dem Stück möglichst keine Haupt- und Nebenrollen geben sollte, sondern jedes Kind, seinen Fähigkeiten und Wünschen gemäß, auf der Bühne agieren sollte.

Wir sollten als Team zusammenwachsen und jedes Ensemblemitglied sollte sich gleichberechtigt einbringen können und die Gruppe verantwortungsvoll mittragen und unterstützen.

Dieses Vorhaben ist in allen vier Projekten gelungen!

Die Kinder und Jugendlichen kamen zusammen und kannten einander nicht. Sie waren mitunter vollkommen unterschiedlich im Können, im Verständnis und in ihrer Wahrnehmung und doch standen sie bei der Premiere als eingeschworene Gemeinschaft und Freunde auf der Bühne.

Dies war jedes Mal ein wunderbares Erlebnis für mich und für die Kinder!

In Zeiten von großen Klassen, Flüchtlingskindern, Migration und Inklusion ist es, meines Erachtens, von großer Wichtigkeit, solche Projekte vermehrt an Schulen und Vereinen durchzuführen und damit Solidarität, Toleranz und Verständnis für- und miteinander zu fördern.

Deshalb möchte ich, anhand von Beispielen meiner eigenen Projekte, Anregungen geben, wie ein solches Projekt einfach und ohne viel Aufwand umsetzbar ist. Die angeführten Beispiele sind inhaltlich und dramaturgisch meinen eigenen Projekten entnommen und sollen als praktische Beispiele dienen.

Diese Beispiele sollen zum Weiterdenken anregen und zur eigenen Konzeption und Entwicklung von Tanztheater motivieren.

3.1 „Wenn ich mir was wünschen dürfte"

Uraufgeführt 2008 in der CD-Kaserne Celle

3.1.1 Themenfindung und Probenbeginn

Die erste Frage sollte lauten: Welche Themen beschäftigen die Kids zwischen 10 und 16 Jahren?

Einige Antworten wären hier:

- Schule,
- Freundschaft,
- Liebeskummer,
- erste Liebe,
- Aussehen/Mode,
- Statussymbole/Besitz,
- Partys.

All diese Stichpunkte könnte man schon als alleiniges inhaltliches Thema für ein Tanztheaterstück nehmen. Wenn es aber möglichst viele Aspekte der Welt dieser Kinder und Jugendlichen mit einbeziehen soll – dann könnte es doch einfach auch um ihre Wünsche und Träume gehen. In ihren Wünschen und Träumen könnten doch alle diese Themen vorkommen und eine Rolle spielen.

„Wenn ich mir was wünschen dürfte!"

Ein Titel ist gefunden und muss nun mit praktischem Inhalt gefüllt werden!

Praktischer Arbeitsbeginn

Was wird zuerst gebraucht?

1. Die Gruppe (Vereinsgruppe/Schulklasse/Tanzgruppe etc.);
2. Raum zum Proben;
3. Aufführungsort (Aula der Schule/Sporthalle/Kunsthalle/Theater etc.);
4. allgemein nutzbares tänzerisches Schrittmaterial, d. h. einfache Choreografien und Schrittfolgen, die an verschiedenen Stellen im Stück genutzt werden können – eine Art neutral einsetzbares Schrittmaterial;
5. Musikauswahl sowie
6. Konzeption des groben Stückablaufs und der Vorgehensweise.

Konzeption

Das Stück soll, ähnlich wie in den Tanzgeschichten aus Kap. 2, keine Haupt- und Nebenrollen haben.

Die beste Möglichkeit, dies zu vermeiden, ist, verschiedene Bilder durch eine Art dramaturgische Klammer oder Übergänge miteinander zu einem abstrakten Ganzen zu verbinden.

Es gibt keine Handlung!

Die einzelnen Bilder oder Szenen beschäftigen sich in Sprache und Bewegung mit den einzelnen Wünschen und Träumen. Sie werden immer wieder durch unterschiedliche Übergänge verbunden oder gehen auch mal direkt ineinander über.

So entsteht eine Art Collage aus Wünschen und Träumen der Akteure, die zu einem Stück miteinander verwoben werden: eine Collage verschiedener Flashlights und Momente, die miteinander verschmelzen.

Ein anschauliches Beispiel:

Intro

Tänzerisches Bild/Ensemble Choreografie

Standbild mit einer Stimme aus dem OFF (z. B. vom Band) o. Ä.

Übergang

Neutrale Texte zum folgenden, ersten Wunschthema, gesprochen vorn am Mikro von 2-3 unterschiedlichen Sprechern

Szene 1

Erstes Wunsch- bzw. Traumthema wird in der Szene tänzerisch oder durch abstrakte Bewegungssequenzen erzählt und beleuchtet, z. B. Wunsch: viele Freunde.

Alle Kinder sind als Ensemble auf der Bühne!

Übergang

Die Tänzer/Ensemble gehen ab.

1-2 Personen kommen auf die Bühne und erzählen von ihrem größten Wunsch.
Sie können wieder vorne an den aufgebauten Mikros stehen oder setzen sich vorn an den Bühnenrand.

Szene 2

Musik wird eingespielt.
Zu den erzählenden Personen gesellt sich das Ensemble und alle tanzen zum erzählten Thema der Wünsche.

Übergang

Das Ensemble friert nach dem Tanz auf der Bühne ein.
2-3 Personen lösen sich aus der Gruppe und beginnen ein Gespräch zu einem Wunschthema – könnte auch ein Streitgespräch/kontroverse Diskussion sein!

Nach diesem Schema wird das Stück weiter aufgebaut und konzipiert!

Vorteile:

- Alle Kinder können immer wieder auf der Bühne agieren.
- Die Mutigen können sich hervortun, indem sie eine der Sprechrollen übernehmen – die Kinder sollen sich dafür auf Anfrage selbst melden!
- Die Schüchternen müssen nicht sprechen, können aber immer wieder, geschützt in der Menge, auf der Bühne stehen.

- In den Übergänge können unterschiedlichste, dramaturgisch-methodische Mittel angewandt werden: Neutrale Texte aus dem Internet werden vorgetragen, persönliche Texte werden gesprochen, Dialoge können eingebaut werden, besondere Fähigkeiten einzelner Kinder, wie Singen oder Turnen, können eingebaut und genutzt werden.
- Die Offenheit der Konzeption lässt kreativen Raum für die Ideen der Kinder.
- Der klare, gleichbleibend strukturierte Aufbau ermöglicht eine schnelle Vorbereitung und gute Übersicht während der Proben.

Erste Probe

Sind alle Voraussetzungen geschaffen und die Gruppe, Probenraum und Aufführungsort sind gefunden, kann die Probenarbeit losgehen!

Ich liste im Folgenden mögliche Schritte für die erste Probe auf:

1 Zuerst sollte den Kindern das geplante Stück und die groben Abläufe erläutert werden:

- Was ist das Thema, worum soll es gehen?
- Aufbau und Konzept des Stückes (grob umrissen!).
- Es gibt keine richtige Handlung.
- Alle sollen gleichmäßig/gleichberechtigt beteiligt und eingebaut werden.
- Es gibt keine Hauptrollen.
- Wie oft wird geprobt?
- Was erwarte ich als ÜL von den Kindern an Mitarbeit, Disziplin und Eigeninitiative?
- Welche eventuellen Gastlehrer oder „Extras" sind geplant?

Eine kurze Vorstellungsrunde, falls die Kinder sich noch nicht kennen. Die Kinder fragen, was sie sich von dem Stück und dessen Erarbeitung erwarten und was sie sich dabei wünschen.

Die Kinder fragen, wer schon mal sagen kann, ob er/sie sich trauen würde, auf der Bühne zu sprechen bzw. Einzelauftritte zu haben.

2 Ein gemeinsames Warm-up mit der Gruppe gibt einen ersten Eindruck vom Können der Kinder. Das Warm-up sollte in der ersten Stunde mit fetziger Musik und tänzerisch sein.

Die Bewegungsabläufe sollten dabei zunächst einfach und schnell nachvollziehbar sein.

Das Warm-up sollte bereits einfache Schrittkombinationen enthalten und auch eine leichte Dehnung beinhalten.

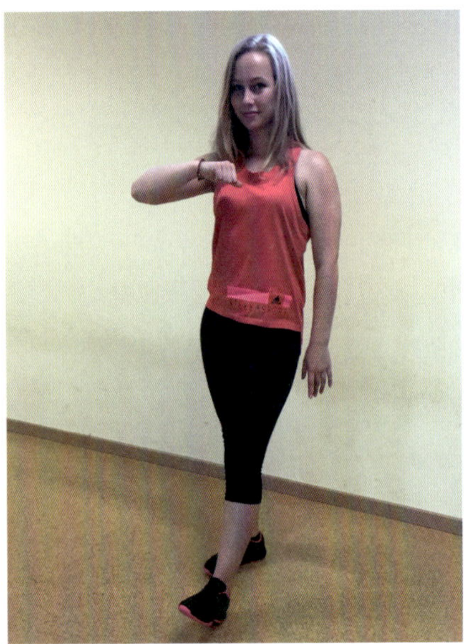

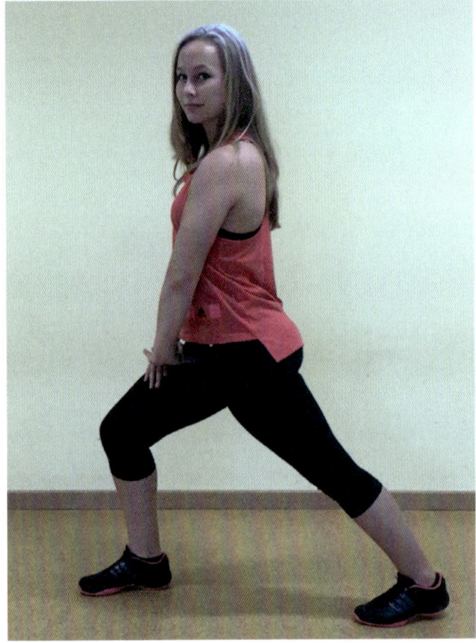

3 Nun könnten bereits 2-3 Achter mit den Kindern als feste Schrittfolge erarbeitet werden.

Bei jeder Probe sollte solch festes Schrittmaterial einstudiert werden, das alle Kinder des Ensembles sicher beherrschen.

Auf diese Choreografien oder Choreografieanteile kann immer wieder innerhalb des Stückes zurückgegriffen werden!

Bei jeder Probe sollten immer 2-4 Achter neu erarbeitet werden und die bereits erlernten Achter wiederholt werden.

4 Eine kurze Sequenz aus dem Theatersportbereich kann nun eingebaut werden.

Beispiele solcher Übungen finden Sie in Kap. 5.

Solche Übungen dienen zum einen dem besseren Kennenlernen der Gruppe untereinander und dem Abbau von eventuellen Hemmungen. Die Übungen sollten einen Spielcharakter haben und den Kindern Spaß machen!

Es sollte dabei nicht das Gefühl von „Peinlichkeit" oder einem „Zwang" aufkommen. Die Kinder sollen bei jeder Probe durch diese Übungen emotional geöffnet und gestärkt werden. Diese Effekte treten meistens von allein ein und verändern im Laufe der Probenphasen viele der Kinder.

Die Kinder beginnen, sich mehr zuzutrauen und gewinnen an Selbstbewusstsein. Dies hilft ihnen am Ende, auf der Bühne zu stehen und gegebenenfalls mit Präsenz Texte zu sprechen und tänzerische Inhalte zu präsentieren.

Diese Theaterarbeit ist für das Gelingen eines solchen Projekts, neben dem Tanz und der Bewegung, das wichtigste Element!

5 Nach der körperlichen Arbeit kommt nun noch zum Abschluss eine kleine Schreibarbeit! Es werden kleine Zettel an die Kinder verteilt. Jedes Kind soll, wenn es möchte, auf den Zettel schreiben, was es besonders gut kann.

Das können besondere Fähigkeiten sein wie Turnen, Akrobatik, Breakdance, Einradfahren etc. Oder aber künstlerische Fähigkeiten, wie Singen, ein Instrument spielen, Malen etc.

Diese Zettel sollten mit dem Namen des Kindes versehen sein, damit der ÜL die einzelnen Fähigkeiten für das Stück den Kindern zuordnen kann. Die Zettel werden dann eingesammelt und den Kindern zugesichert, dass versucht wird, die Fähigkeiten, sollte das Kind es wollen, in den Stückablauf einzubauen.

Dies soll die Motivation der Kinder stärken, sich selbst einzubringen und sich zeigen zu wollen!

Nun bekommen die Kinder noch eine kleine Aufgabe für zu Hause mit.

Aufgabenstellung:

- Schreibe auf ein Blatt Papier, was du dir am meisten wünschst.
- Wovon träumst du?
- Was hättest du am liebsten, wenn du dir was wünschen dürftest?
- Suche drei Dinge davon aus, die du auf das Papier schreibst.
- Das können nur drei kurze Stichwörter sein oder auch längere Texte dazu.
- Schreib es auf, wie du willst!
- Aber schreibe drei deiner größten Wünsche auf.
- Schreibe nicht deinen Namen auf das Papier!

Wichtig bei dieser Aufgabe ist, dass die Kinder selbst entscheiden sollen, wie viel sie zu Papier bringen. Darin sind sie in ihrer Entscheidung frei, aber jedes Kind sollte möglichst einen Zettel zur nächsten Probe mitbringen!

Versichern Sie den Kindern, dass versucht wird, alle Wünsche in das Stück einzubauen, sodass ihre mitwirkende Kraft und Entscheidungsbefugnis innerhalb des Arbeitsprozesses deutlich wird.

Die Zettel sollen anonym bleiben, damit kein Kind sich irgendwie wegen seiner Wünsche schämen muss. Durch die Anonymität weiß nicht einmal der ÜL, welches Kind welche Wünsche und Träume hegt. Die Zettel sollen zur nächsten Probe wieder mitgebracht werden.

Die erste Probe kann nun beendet werden!

Aufgepasst!

Die Wünsche auf den Zetteln können erst nach der zweiten Probe ausgewertet werden!
D. h., die ersten Ergebnisse bzw. Ideen können erst ab der dritten Probe eingearbeitet werden.

Die zweite Probe läuft also eher so wie die erste Probe ab.
Tanz, allgemeine Choreografie- und Theaterarbeit!

Überblick

1)
- Kennenlernen
- Vorstellen des Projekts
- Abfrage der Erwartungen und
- Wünsche der Kinder

2)
- Warm-up für alle
- Tänzerische Schrittelemente und
- Dehnung

3)
- Erarbeitung erster Schrittfolgen
- 2-3 Achter
- Choreografiearbeit

4)
- Übungen aus dem Theatersport/
- Schauspielarbeit/Körperarbeit

5)
- Schreibaufgabe in der Probe:
- Was kann ich gut/was will ich im Stück machen?
- Schreibaufgabe für zu Hause: „Meine größten Wünsche"

3.1.2 Arbeit zu Hause

1)

- Weitere Ausarbeitung von neuen Achtern für das grundlegende Schrittmaterial.
- Dazu passende Musik raussuchen.
- Weitere unterschiedliche Musiktitel auswählen – dies sollten möglichst auch Musiktitel aus unterschiedlichen Musikgenres sein.

2)

- Auswertung der Zettel zu den Fähigkeiten der Kinder.
- Einzelne Fähigkeiten rausfiltern und zunächst überlegen, wie diese in das Stück eingebaut werden könnten.
- **Die Platzierung einzelner solistischer Aktionen innerhalb des Stückablaufs kann sich erst während des weiteren Probenprozesses ergeben!**

3)

- Auswertung der Schreibaufgabe zu den Wünschen der Kinder.
- Die „Wünsche" sammeln und gegebenenfalls Stapel von thematisch ähnlichen Wünschen machen.
- Die Wünsche, die am häufigsten und in ähnlichen Aspekten auftauchen, sollen als thematische Szenen in das Stück aufgenommen werden.
- Entscheiden, wie viele „Wunschszenen" es insgesamt werden.
- Grobe Skizzierung von möglichen thematischen Szenen zu den Wünschen – wie könnte dieser Wunsch szenisch und tänzerisch/musikalisch umgesetzt werden? Passiert dies durch eine Ensembleszene, einen Dialog/Duett oder beides miteinander kombiniert?

PRAKTISCHE BEISPIELE

Beispiele für ein häufiges „Wunschthema"

Ich wünsche mir die große Liebe.
Ich wünsche mir einen „coolen Freund".

Beispiele für drei mögliche Szenen:

1 Alle Kids kommen als Ensemble auf die Bühne.
Dazu läuft eine „coole" Musik.

Die Kids verteilen sich auf der Bühne in Grüppchen und stellen so eine „**Partyszene**" dar.

Sie unterhalten sich und tuscheln etc.
Zwischendurch lösen sich einzelne Tänzerinnen aus den Grüppchen und tanzen vorne kleine Schrittfolgen.
Dann gesellen sie sich wieder zu den anderen.
Dies kann mehrere Male passieren – auf der Party wird getanzt!

Dann löst sich ein Mädchen aus einer Gruppe und geht durch die anderen hindurch.
Sie schaut sich um.

Sollte ein Junge in der Gruppe dabei sein, könnte er hier ein Solo bekommen und sich ebenfalls aus einer Gruppe lösen und durch die anderen hindurchgehen.

Die beiden, das Mädchen und der Junge, ziehen ihre Kreise durch die anderen Tänzer, die immer noch die Partyszenerie darstellen.

Plötzlich bleiben sie ein Stück weit voneinander entfernt stehen und sehen sich.
Die Position der beiden sollte mittig auf der Bühne sein.
Sie verharren in dieser Position, „frieren ein" und sehen sich an.
Ein Musikwechsel!
Die anderen Tänzerinnen beginnen nun, im Ensemble eine gemeinsame Choreografie um die beiden herum zu tanzen.
Schließlich verlassen die anderen Tänzerinnen die Bühne (z. B. sich unterhaltend, lachend etc.) und die beiden bleiben, immer noch in ihrer Position zueinander, allein auf der Bühne zurück.
Die Musik wird langsam leiser.
Sie gehen aufeinander zu – stoppen kurz direkt voreinander – und gehen dann gemeinsam von der Bühne.

Sollte kein Junge dabei sein:
Variante 1)
Ein Mädchen übernimmt den Part des Jungen!

Variante 2)

Das Mädchen spielt die Begegnung allein, indem sie erst ihre Runden durch die „Menge" zieht und schließlich zum Bühnenrand geht, dort wie gebannt stehen bleibt und im Publikum jemand Imaginäres sieht.

Sie bleibt dort stehen und schaut nur wie eingefroren.
Die Tänzerinnen tanzen um sie herum s. o.
Das Mädchen geht als Letzte von der Bühne, wie oben beschrieben!

Diese mögliche Szene wäre eine Kombination aus solistischer Aktion und Ensemblearbeit!

2 Zwei Mädchen kommen auf die Bühne.

Sie führen einen Dialog über einen „coolen Typen", den sie auf einer Party gesehen haben.
(Der Text kann von den Mädchen selbst geschrieben werden oder wird vom ÜL zu Hause verfasst!)

Die beiden Mädchen verlassen dann tuschelnd oder noch laut sprechend die Bühne.

Musik setzt ein und das übrige Ensemble kommt auf die Bühne.

Das Ensemble tanzt nun eine kleine Choreografie zu dem Thema, um das es gerade in dem Dialog der beiden ging.

Hier sollte versucht werden, eine tänzerische Übersetzung des Textes zu finden!

Beispiel:

- Tänzerische Figuren, die Herzen, Umarmungen, träumerische Haltungen, Herzklopfen etc. darstellen.
- Die Musik kann auch textlich das Thema widerspiegeln.

- Innerhalb der Sequenz Duette einbauen (die Tänzerinnen tanzen zu zweit z. B. auch mit leichten Hebefiguren o. Ä.).

Bei dieser Variante wird Text und Tanz klar getrennt.
Sie beinhaltet einen solistischen Auftritt zweier Mädchen!

3 Am Bühnenrand vorn ist ein Mikrofon platziert.
2-3 Sprecher kommen nacheinander nach vorne ans Mikro und sprechen drei kurze, sachlich-informative Texte z. B. zum Thema „verliebt sein"/„erste große Liebe"/„Mann und Frau" o. Ä.
Diese Texte können einfach aus dem Netz recherchiert werden.
Sie können wissenschaftlicher Natur sein, Artikel zu diesen Themen oder Erfahrungsberichte etc.
Nachdem die dritte Sprecherin abgegangen ist, setzt eine Musik ein.
Das übrige Ensemble kommt auf die Bühne und tanzt (s. o.) eine gemeinsame Choreografie, die die vorher gehörten Texte unterstreicht.
Diesmal können es auch einzelne Gruppen von Tänzerinnen sein, die sich auf der Bühne abwechseln.

Bei dieser Variante werden Text und Tanz wieder voneinander abgegrenzt.

Das Sprechen der Texte verlangt kein schauspielerisches Talent und eignet sich daher als solistische Aktion auch für eher schüchterne Ensemblemitglieder!

4)
Recherche im Netz nach sachlichen Texten zu den „Wünschen".
Aus den Texten können jeweils drei bis maximal sechs Sätze herausgefiltert werden!

Textarten:

- kurze Artikel,
- Erfahrungsberichte aus Zeitschriften,

- wissenschaftliche Berichte,
- medizinische Berichte,
- Sprichwortsammlungen sowie
- Sinnsprüche

Diese „Textfetzen" sollten während des Probenprozesses weiterhin recherchiert und gesammelt werden. Mit diesem Vorrat an „Textfetzen" lassen sich schöne Übergänge zwischen einzelnen Szenen schaffen, für sich stehende szenische Textpassagen und gut platzierte Randbemerkungen für die Rahmengestaltung.

5)

Das Verfassen von verschiedenen Dialogen.

Diese Dialoge sollten zu bestimmten „Wunschthemen" entwickelt werden. Dies kann komplett vom ÜL ausgearbeitet werden oder in gemeinschaftlicher Arbeit mit den Kids. Werden diese Dialoge vom ÜL verfasst, sollten sie der Sprache der Kids angepasst sein. Die Dialoge sollten möglichst kurze Sätze enthalten und insgesamt kurz gehalten sein. Verschiedene Arten von Dialogen sollten angelegt werden und als Vorrat in der weiteren Konzeption und Entwicklung dienen.

Wenn ein Dialog für eine Szene gebraucht wird, kann eventuell auf einen bereits geschriebenen Text zurückgegriffen werden!

3.1.3 Das Stück entsteht

Die bereits beschriebenen Arbeitsschritte werden nach und nach ausgeführt und der Probenprozess geht voran.

Nach den eingesammelten, kurzen Texten der Kids zu ihren Wünschen und Träumen wurden vier herausgesucht und zu Szenen des Stückes festgelegt.

Beispiele:

1) Erste große Liebe
2) Urlaub allein mit der besten Freundin
3) Die Coolste auf der Schule sein.
4) Model oder Superstar werden.

Diese vier Wunschthemen werden in eine Reihenfolge gebracht und müssen nun miteinander durch verschiedene Versatzstücke zu einem Ganzen verbunden werden.

Als sogenannte *Versatzstücke* können folgende Elemente genutzt werden:

- Texte am Mikrofon,
- Dialoge,
- Monologe,
- pantomimische Szene ohne Musik.
- Die Tänzer kommen nacheinander versetzt auf die Bühne und finden sich dann z. B. in einem Pulk zusammen.
- Die Bühne ist leer und es kommen nur Satzfetzen oder laute Worte aus dem OFF.

Aus den „Hauptthemen" und den „Bindegliedern" wird nun ein grobes Raster des Stückes gebaut!
Die Hauptthemen werden durch tänzerische Szenen behandelt und erzählt!

Beispiel eines Rasters

INTRO/BEGINN

Die Tänzerinnen kommen nacheinander und/oder in einzelnen Grüppchen auf die Bühne und stellen sich auf. Sie bleiben dann auf ihren eingenommenen Positionen im sogenannten *Freeze* (eingefroren).

Es ist noch halb dunkel auf der Bühne, sodass die Kids nur schemenhaft zu erkennen sind. Aus dem OFF kommen jetzt nur Wörter oder kurze Sätze, die sozusagen auf die Bühne fliegen.

Diese Textfetzen könnten z. B. vorher mit den Kids auf Band aufgenommen worden sein, sodass es ihre eigenen Stimmen und Worte sind, die dem Publikum einleitend zugeworfen werden.

Plötzlich setzt eine Musik ein, das Licht geht an und das Ensemble beginnt, gemeinsam eine Choreografie zu tanzen.

Die Musik kann z. B. mit dem Thema „Träume" zu tun haben!

WECHSEL AUF

Übergang 1)

1-3 Mädchen kommen nacheinander auf die Bühne ans Mikrofon und lesen einen recherchierten, sachlichen Text über die erste Liebe vor.

Die Texte werden möglichst emotionslos vorgetragen!

WECHSEL AUF

Szene 1) „Erste große Liebe"

Nachdem das letzte Mädchen abgegangen ist, setzt eine Musik ein und das Ensemble kommt auf die Bühne und stellt die Partyszene dar (s. o.)

Der Ablauf dieser Szene könnte sich abspielen, wie bereits oben erläutert wurde!

WECHSEL AUF

Übergang 2)

Ein Mädchen kommt allein auf die Bühne und erzählt in einem Monolog von ihrer ersten großen Liebe und wie diese enttäuscht wurde und im Liebeskummer endete.

Sie greift damit das Thema der vorherigen Szene auf!

Dann kommt ein anderes Mädchen dazu und unterbricht das erste Mädchen, indem sie beginnt, von ihrem größten Wunsch zu berichten: Sie möchte einmal mit ihrer besten Freundin allein in den Urlaub fliegen. Das Mädchen beschreibt, wie sie sich diesen Urlaub vorstellt und was sie gerne alles machen würde.

WECHSEL AUF

Szene 2) „Urlaub"

In den Text des Mädchens fährt die nächste Musik rein. Wir sehen nun die „Urlaubsfantasien" des Mädchens tänzerisch auf der Bühne umgesetzt.

Z. B. können alle Kids des Ensembles mit Requisiten, wie Handtücher, Sonnenbrillen, Hüten etc. auf die Bühne kommen und diese Requisiten werden für die Choreografie genutzt!

WECHSEL AUF

Übergang 3)

Mehrere Mädchen kommen auf die Bühne und unterhalten sich. Sie bleiben in der Bühnenmitte stehen in einem Pulk und führen ihre Unterhaltung weiter.

Plötzlich wird eine leise Musik gestartet – eine „coole Musik". Die Mädchengruppe hält in ihrer Unterhaltung inne und schaut zu einer Bühnenseite.

Im Hintergrund sieht man ein anderes Mädchen über die Bühne laufen. Sie nimmt die Mädchengruppe nicht wahr, aber die Mädchen schauen ihr bewundernd hinterher.

Wenn das Mädchen auf der anderen Seite die Bühne wieder verlässt, geht auch die Musik langsam wieder aus. Die Mädchengruppe schaut noch einen Moment dahin, wo das Mädchen verschwunden ist. Dann sehen sie sich wieder an und rufen dann alle gemeinsam:

„Sie ist soooo cool!"

WECHSEL AUF

Szene 3) „Die „Coolste“ der Schule

Nach dem Ruf der Mädchen setzt eine andere Musik ein.

Zu der Mädchengruppe auf der Bühne gesellen sich die übrigen Tänzerinnen und es wird eine gemeinsame Choreografie getanzt.

Plötzlich erscheint wieder das Mädchen und tanzt ein Solo. Alle anderen Tänzerinnen halten inne und schauen ihr bewundernd zu. Sie können sie auch anfeuern und/oder ihr applaudieren.

Dann kommt das Mädchen in die Mitte der anderen und alle tanzen noch einmal gemeinsam.

Aufgepasst!

1)
Das „coole Mädchen“ sollte eine Teilnehmerin übernehmen, die sehr gute tänzerische Vorkenntnisse hat und zudem auch keinerlei Hemmungen, sich darstellerisch hervorzutun.

2)
Bei solchen choreografischen Arbeiten können auch die Kids die Aufgabe bekommen, sich einzelne Elemente der Choreografie auszudenken.
Dies kann auch in Gruppenarbeit geschehen.
Diese Choreografien können als Teil der Probenarbeit in der Probe oder auch von den Kids gemeinsam zu Hause entwickelt werden.

WECHSEL AUF

Übergang 4)

Ein Mädchen **(oder auch ein Junge!)** kommt auf die Bühne zum Mikrofon und erzählt von ihrem Wunsch, Model zu sein und wie sie/er sich diesen Beruf vorstellt. Während das Kind vorne am Mikro von seinem Traum erzählt, gehen im Hintergrund verschiedene Kids hin und her, wie auf einem Catwalk.

Eines der Kinder aus dem Hintergrund kommt dann nach vorne zum Mikrofon und übernimmt die Position. Dieses Kind berichtet ein paar Sätze über den realen Stress, den dieser Beruf mit sich bringt. Es zeigt die Kehrseite dieses Raumes auf.

Das erste Kind, das seinen Traum anfangs beschrieben hat, bleibt neben dem Mikrofon stehen. Mitten im Text des anderen Kindes drängt es das Kind weg und spricht laut und klar ins Mikrofon:
„Ich glaube jedenfalls an meinen Traum!"

WECHSEL AUF

Szene 4) „Model"

Direkt nach dem letzten Satz setzt eine „coole" Musik ein und das ganze Ensemble kommt auf die Bühne.

Es wird eine Choreografie getanzt, die durch die Bewegung und die Formation das Thema „Model etc." umsetzt. Die Choreografie sollte in verschiedene tänzerische Abschnitte von Ensemble und einzelnen Gruppen gegliedert sein.

Das Bild des „Catwalks" sollte darin immer wieder aufgenommen werden.

WECHSEL AUF

Übergang Finale

Die „Modelchoreografie" endet und alle Tänzerinnen frieren ihre Bewegungen ein. Ein Kind löst sich aus der Gruppe und geht nach vorne zum Bühnenrand.

Entweder spricht es ins Mikrofon oder es spricht frei und bewegt sich auf der Bühne hin und her. Dieses Kind spricht eine Art „Schlussmoderation", eine Reflexion der gesehenen Themen und Träume.

Langsam bewegen sich die anderen Kinder, während der Text gesprochen wird, zu dem Kind hin und alle gruppieren sich in einem Pulk. Wenn alle Kinder in diesem Pulk angekommen sind, sollte der Text des Kindes zum Ende kommen und dann rufen alle Kinder gleichzeitig einen „Schlagsatz" bzw. ein „Schlagwort", wie z. B.:

„Träume können wahr werden!"

Direkt im Anschluss setzt eine fetzige, mitreißende Musik ein.

Finale

Alle Kinder tanzen gemeinsam eine Abschlusschoreografie. Innerhalb dieser Choreografie bietet es sich auch immer an, dass alle Kinder ins Publikum gehen und das Publikum animieren, sich auch zu bewegen!

Die Abschlusschoreografie sollte im Aufbau sehr abwechslungsreich gestaltet sein und unterschiedliche Formationen im Ablauf aufweisen.

Aufgepasst!

Innerhalb der Entwicklung des Stückes sollten die Kinder so oft wie möglich mit einbezogen werden:

- durch das Ausdenken einzelner Schrittkombinationen und auch deren Anleitungen innerhalb der Gruppe;
- durch das Ausarbeiten ganzer Choreografieanteile zu bestimmten Themen;
- durch das selbstständige Schreiben und Anbieten von Dialogen und Monologen;
- durch das Recherchieren von Texten zu bestimmten Themen.

So könnte ein grobes Raster eines Stückes aussehen. Zumindest wäre dies ein erster Entwurf, mit dem bereits recht strukturiert gearbeitet und geprobt werden kann.

Innerhalb der Proben werden sich durch Entwicklungsprozesse, wie Improvisationen, Ideen der Kinder, tänzerische Entwürfe, immer wieder Neuerungen und Veränderungen ergeben.

Für diese Prozesse sollten Sie zu jedem Moment der Probenarbeit offen und empfänglich sein.

Diese Flexibilität bereichert und erweitert den Entstehungsprozess des Stückes ungemein!

Aufgepasst!

Legen Sie sich ein solches Arbeitsraster des Stückes als klar gegliederte Übersicht z. B. in Kästchen an:

Intro/Beginn	Szene 1
Übergang 2	Szene 2

usw.

So haben Sie für jede Probe einen guten Überblick, was bereits gearbeitet wurde und in ein solches Raster lassen sich Änderungen gut nachvollziehbar einfügen.

Ein strukturierter Überblick erleichtert sehr die Probenarbeit!

3.1.4 Zu bedenken

Räumlichkeit und Premierentermin

Bevor mit den Proben begonnen wird, sollte bereits eine Idee bestehen, wo die Aufführung stattfinden soll. Es sollte ein Raum sein, der gut finanzierbar ist oder sogar ohne Miete genutzt werden kann. Dieser Raum sollte ausreichend Platz für den Bühnenbereich sowie für das Publikum aufweisen.

Möglichkeiten:

- Turnhalle,
- Aula,
- Räumlichkeiten einer Kircheneinrichtung,
- gemeinnützige Einrichtungen,
- Jugendtreffs sowie
- Tanzstudios.

Die Möglichkeit einer Bestuhlung sollte geprüft werden.

Wenn ein Raum gefunden ist und die Absprachen dazu feststehen, sollte ein möglicher Premierentermin gefunden werden. Hierbei muss auch entschieden werden, ob es nur eine oder mehrere Vorstellungen geben soll. Die Planung und Festlegung des Premierentermins legt ebenfalls die zeitliche Dauer der Proben fest!

Ich habe für die Entstehung meiner Stücke, je nach Umfang der Produktion, eine Gesamtprobenzeit zwischen vier und sechs Monaten eingeplant.

Wenn es eine große Gruppe ist und das Stück einen größeren Umfang bekommen soll, können es auch zwischen sechs und 12 Monate sein!

Der komplett neuen Erarbeitung eines solchen Stückes, wie es hier beschrieben wird, bei dem die Inhalte und Themen in Zusammenarbeit mit den Kids entstehen und improvisiert werden sollen, sollte eine ausreichende Probenzeit zur Verfügung stehen!

Es sollt außerdem immer ein Ersatztermin für die Premiere eingeplant werden!

Kurz vor der Premiere sollte für die Proben noch einmal eine kompakte, intensive Endprobenphase eingeplant werden! Dies könnte z. B. eine Woche sein, in der jeden Tag geprobt werden kann.
Drei Tage vor der Premiere sollten drei Proben als sogenannte:

- erste Hauptprobe,
- zweite Hauptprobe,
- Generalprobe eingeplant werden.

Bei diesen Proben sollten jeweils die Bedingungen der Premiere gelten!

Finanzierung

Wenn die Räumlichkeit über eine Institution kostenfrei genutzt werden kann, entfällt dieser Punkt in der Planung! Wenn aber eine Räumlichkeit für ein freies Projekt gesucht wird, so spielen die Kosten natürlich eine Rolle. Hier gibt es verschiedene Möglichkeiten und Faktoren:

1) Einen „Deal" mit einer gemeinnützigen Jugendeinrichtung finden, wie z. B. das Angebot, wenn das Projekt den Raum zu einem günstigen Preis nutzen darf, dann können Kinder der Einrichtung kostenfrei mitmachen.

2) Finanzierungsmöglichkeiten über Einrichtungen der jeweiligen Stadt suchen.

Für Kinder- und Jugendprojekte mit sozialem und/oder integrativ förderndem Hintergrund gibt es oft Stiftungen z. B. der Sparkassen, die solche Projekte unterstützen oder auch direkt bei der Stadt (Jugendarbeit).

3) Wenn es ein freies Projekt werden soll, so kann auch ein Unkostenbeitrag für die Eltern der mitwirkenden Kinder erhoben werden.

Die Kinder bekommen eine tänzerische und theatralische Ausbildung und Förderung mit dem Ziel, im Anschluss auf einer großen Bühne stehen zu können, als einmalige

Erfahrung und dies beinhaltet einen monatlichen Beitrag von z. B. 15,- € für die Eltern. Von diesen monatlichen Beträgen kann schon ein kleiner Teil der Unkosten gedeckt werden.

4) Bei den späteren Vorstellungen können kleine Summen an Eintrittsgeldern genommen werden. Vorsicht!!! Mehr als maximal 5,- € ist dabei in den meisten Einrichtungen nicht erlaubt! Je nachdem, wie viele Zuschauer in den Raum passen, kann über diese Eintrittsgelder auch ein Teil der Räumlichkeit rückwirkend finanziert werden.

Kostüme und Requisiten

Die Wahl bzw. Ideen zu den Kostümen werden sich während der Probenzeit ergeben. Mit zunehmender Klarheit über den Stückablauf und den konkreten Inhalt werden auch die Bilder zu den Kostümen klarer.

Die Kostüme sollten möglichst wenig kosten, wenn nicht sogar ganz ohne zusätzliche Kosten auskommen. Ich habe es bei meinen Projekten immer so gehalten, dass ich den Teilnehmerinnen als Aufgabe gestellt habe, selbst ihr Kostüm zu wählen.

Da es sich bei der hier vorgestellten Konzeption um ein abstraktes Stück handelt, brauchen die Darstellerinnen auch keine bestimmten Kostümierungen oder Kostümwechsel. Jedes Kind kann selbst wählen, was es anziehen möchte, worin es sich gut und selbstbewusst fühlt und kann dann dieses Outfit während des gesamten Stückes tragen!

Vorteile:

- keine zusätzlichen Kosten,
- kein Aufwand in der Vorbereitung,
- schöne Aufgabenstellung für die Kinder,
- die Kinder haben Freude daran, ihre Kostüme selbst auszuwählen.

Licht

Wenn es die Möglichkeit gibt, Lichteffekte zu verwenden, so sollte diese in Anspruch genommen werden. Unterschiedliche Lichtstimmungen schaffen für jede Szene eine neue Atmosphäre und damit neue Wirkungen.

Für solche Lichteffekte sollte ein Lichtplan erstellt werden. Das bedeutet nicht mehr, als dass für jede Szene bestimmt werden muss, welche Farbe das Licht haben soll, von wo es kommt und wie stark es eingerichtet werden kann.

Sollte es für die Räumlichkeiten eigene Lichttechniker geben, so können diese das Licht nach dem erstellten Plan professionell einrichten!

Solche Lichttechniker müssten dann allerdings auch im Finanzierungsplan bedacht werden!

Ein Beispiel für einen Lichtplan

Intro/Beginn

Stimmung 1

- Schwach weißes Licht von hinten (schemenhaft/dunkel).
- Man sieht nur Gestalten schemenhaft/schattenhaft.
- Leicht blaues Licht kommt von den Seiten dazu.

Szene 1

Stimmung 2

- Das Licht wird hochgefahren.
- Die Bühne wird hell erleuchtet.
- Das Licht ist weiß und gelb.

Übergang 2

Stimmung 3

- Das Licht wird gedimmt.
- Leicht weißes Licht von hinten.
- Spot am Mikrofon.

usw.

Dies wäre ein Beispiel, wie man einen Lichtplan für alle Übergänge und Szenen kurz skizzieren kann, damit das Licht dann eingerichtet und später während der Vorstellung gefahren werden kann.

Sollte ein solcher Lichtplan erstellt werden und die entsprechenden Möglichkeiten zur Umsetzung gegeben sein, dann braucht man für die Abende der Vorstellungen eine Person, die das Licht fährt!

In den meisten Fällen braucht es aber diesen Aufwand nicht. In Turnhallen oder einer Aula in der Schule gibt es derartige Lichttechnik nicht und damit erübrigt sich auch die Auseinandersetzung damit.

Musik

Die Musikauswahl bezieht sich immer auf die jeweiligen Szenen des Stückes. Innerhalb des Entstehungsprozesses entwickelt sich auch die Auswahl der Musikstücke. Die Musikstücke sollten entweder textlich oder von der emotionalen Funktion (traurig/fröhlich/melancholisch etc.) zu den Szenen passen bzw. deren Inhalte unterstreichen und umsetzen.

Wenn es beispielsweise in einer Szene um den ersten Liebeskummer geht, dann sollte das Musikstück zur dazugehörigen Choreografie der Szene eher melancholisch und/oder textlich das Thema behandeln.

Beispiel:

Ich hatte einmal zu dem Thema Liebeskummer in einem Projekt für die Choreografie das Lied „Die Liebe kommt, die Liebe geht" in einer modernen Fassung von Nylon ausgewählt.

Die Version spiegelte perfekt die Thematik der Szene wider und ließ sich tänzerisch hervorragend umsetzen!

Innerhalb eines Stückes empfiehlt es sich, möglichst viele unterschiedliche Musikstücke zu verarbeiten. Dabei sollten verschiedene Musikstile, musikalische Stimmungen und Musikrichtungen miteinander kombiniert werden.

Dieser Stilmix macht auch die Tanzdarbietungen vielfältiger, bereichert die Bewegungsvielfalt und macht damit das Stück sehr viel interessanter und spannender für die Zuschauer.

Tipps und Empfehlungen zum Thema Musik und Musikquellen finden Sie im Anhang.

3.2 „Digital Natives – Eingeborene im Netz"

Uraufgeführt mit der CD-Kaserne Celle bei der Firma Conmetal

In diesem Teilkapitel wird ein weiteres thematisches Beispiel für eine Konzeption eines Tanztheaterstückes mit Kindern und Jugendlichen aufgezeigt.

Da die ausführliche Beschreibung der Entstehung eines solchen Stückes in Kap. 3.1 bereits detailliert dargestellt wurde, möchte ich mich hier nur auf die wichtigen Eckpfeiler beziehen.

Thema

Die Themenfindung sollte immer nah an den Lebenswelten der Kinder dran sein. Daher kam mir die Idee, mich innerhalb des Stückes mit dem Thema „Internet" zu beschäftigen. Viele Kinder ab 10 Jahren sind regelmäßig bereits im World Wide Web unterwegs und nutzen auch vermehrt entsprechende Kommunikationsangebote. Die Kinder bewegen sich im Netz mittlerweile sehr routiniert und selbstverständlich. Sie präsentieren sich, teilen sich mit und lassen andere an ihrem Leben permanent teilhaben.

Sie sind „die digitalen Eingeborenen"!

Oft ohne sich über die Gefahren bewusst zu sein. Und sehr oft stellen sie sich anders dar, als sie wirklich sind. Sie verlieren sich in anderen Welten oder in einem anderen ICH. Das Netz bietet die Möglichkeit, jemand anders zu sein, als man wirklich ist! Hier kann man schöner, schlauer, schlanker sein und für einen kurzen Moment kann man selbst daran glauben.

Das sollte mein Thema für das Stück sein!

Ich wollte während der gemeinsamen Entwicklung und Probenarbeit von den Kindern erfahren, wie stellt ihr euch im Netz dar, wer wollt ihr sein, was tut ihr im Netz und wie viel von euch gebt ihr dort preis!

Räumlichkeit

Für die Umsetzung eines solchen Inhalts sollte auch die Location für die Aufführungen zum Thema passen. Die Location sollte die Weite des Internets widerspiegeln sowie auch die Anonymität und Verlorenheit. In dem Raum sollte keine Gemütlichkeit zu finden sein, wenig Farbe, wenig Gegenstände.

Beispiele:

- Lagerhalle,
- Aula (z. B. mit Tüchern verhangen o. Ä.),
- Parkplatz,
- Firmengelände/Firmenhallen.

Mein Projekt damals wurde in einer Hochregallagerhalle der Firma Conmetal in Celle in Zusammenarbeit mit der CD-Kaserne Celle uraufgeführt!

Sollte kein vergleichbarer Raum zur Verfügung stehen, so kann man natürlich auch in einer Turnhalle eine entsprechende Atmosphäre durch Requisiten und Bühnenbilder schaffen.

Möglicher Handlungsstrang

Ein Mädchen ist ständig im Netz unterwegs, um neue Freunde zu finden. Im echten Leben hat sie nicht besonders viele Freunde und so stellt sie sich im Netz als völlig andere Person dar.

Sie gibt sich andere Hobbys und Fähigkeiten, berichtet von tollen Erlebnissen und retuschiert ihre Fotos. Auf diese Weise lernt sie im World Wide Web immer neue „Freunde" kennen. Auch alle diese Freunde geben sich als „coole" Typen aus, die stetig neue Abenteuer erleben und besonders tolle Ziele zu haben scheinen.

So bewegen sie sich alle in einer Scheinwelt. Bis das Mädchen schließlich beschließt, dass sie alle ihre irrealen Freunde in der Realität kennenlernen möchte. Sie mietet eine große Halle an, lädt alle Freunde zu einem festen Datum dorthin ein, damit sie alle zusammen eine Party feiern können.

Die Masken bröckeln!

Das Mädchen ist entschlossen und auch erleichtert, ihr wahres Gesicht endlich zu zeigen und die Wahrheit zu sagen. Schließlich steht sie allein an dem Termin in der Halle und erwartet ihre „Freunde". Sie scheinen nicht zu kommen.

Doch plötzlich kommen sie nach und nach doch herein und jede/jeder von ihnen muss nun seine kleinen und großen Flunkereien aus dem Netz aufdecken. Schlussendlich freuen sich alle, dass sie sich nun kennen, wie sie wirklich sind und sich genauso mögen!

Mögliche Rollen und Figuren:

- Mädchen.
- Freundin aus dem Netz, die schreibt, sie will zum Vorsingen bei DSDS.
- Freundin aus dem Netz, die schreibt, dass sie von einem Modelscout entdeckt wurde.
- Freund/Freundin aus dem Netz, der/die schreibt, dass sie zu einem coolen Konzert von Seed geht.
- Freundin aus dem Netz, die schreibt, dass sie jedes Wochenende auf coolen Partys rumhängt und die coolsten Freunde dort hat.
- Freundin aus dem Netz, die schreibt, dass sie bei einem Ballettvortanzen mitmacht, weil sie so talentiert ist.

Aufbau/Konzept

Die Konzeption des Stückes ist genauso wie im Kap. 3.1 beschriebenen Stück. Es ist aufgebaut im Schema einzelner Szenen, die durch passende Übergänge miteinander verbunden werden.

Die Übergänge bestehen dabei aus den Geschichten der digitalen Freunde bzw. den Gedanken, Reflexionen und Gefühlen des Mädchens. Die Szenen zeigen dann die vorher gesehenen und gehörten Berichte in tänzerischer Umsetzung mit Musik.

Beispiel

INTRO/BEGINN

Man hört auf der Bühne nur das Tippen auf einer Tastatur.

Dann geht ein Spot an, das Mädchen steht z. B. an eine Wand gelehnt und tippt auf einer imaginären Tastatur – passend zum zuvor gehörten Geräusch. Sie hört auf zu schreiben und man hört das Geräusch des Abschickens einer Nachricht.

Das Mädchen beginnt nun zu erzählen. Sie spricht von sich, ihrem Leben in der Realität und wie cool es da ist, dass sie so viele interessante Leute im Netz kennenlernt und die alle ihre Freunde werden.

Sie berichtet dann von ihrer ersten „Begegnung" im Netz – einem Mädchen, das jetzt zum Vorsingen von DSDS geht, weil sie so gut singen kann. Dies erzählt das Mädchen voller Bewunderung und ohne jeden Zweifel an der Wahrheit der Geschichte.

Der Spot geht aus und das Licht wechselt.

WECHSEL AUF

Szene 1 „DSDS"

Das Mädchen der ersten Geschichte kommt auf die Bühne und erzählt, während sie auf einer imaginären Tastatur tippt, von ihrem Gesangstalent und wie alle sie dafür bewundern und sie nun endlich zum Casting von DSDS geht, um Superstar zu werden. Wir erleben also direkt mit, wie sie ihre Geschichte ins Netz schreibt und verschickt! Als wieder das Geräusch des Abschickens ertönt, setzt anschließend eine Musik ein. Das gesamte Ensemble kommt auf die Bühne und es wird eine Choreografie getanzt, die sich mit den Themen „Aufregung, Gesang, Angst, Superstar-Posing etc." beschäftigt.

WECHSEL AUF
Übergang 1

Alle Tänzerinnen, inklusive der Erzählerin der ersten Geschichte, gehen von der Bühne ab.
Es geht wieder ein Spot an und das Mädchen erscheint an einer anderen Stelle auf der Bühne. Es reflektiert und kommentiert die eben gesehene Geschichte mit seinen Gedanken und Gefühlen dazu, an denen es uns teilhaben lässt. Dann stellt es fest, dass es ja auch noch andere Leute im Netz kennt, z. B. ....

Dann kommen wir zur nächsten Geschichte.

WECHSEL AUF
Szene 2 „Model"

Wieder geht der Spot des Mädchens aus oder sie geht einfach ab. Das Mädchen der zweiten Geschichte erscheint und auch sie schreibt auf der imaginären Tastatur, deren Geräusch wir auch hören.

Während sie scheinbar schreibt, erzählt sie uns zeitgleich den Text. Sie berichtet von ihrem unglaublichen Erlebnis auf der Straße, wo sie tatsächlich ein Modelscout angesprochen hat, der sie für eine Modelagentur haben wollte. Nach dem Geräusch des Abschickens beginnt wieder die Musik und wir sehen im Anschluss eine thematisch passende Choreografie
usw.

Mit diesem Schema kann die Stückkonzeption fortgeführt werden!

Die einzelnen Geschichten werden erzählt und „ver-tanzt".

Beispiel für ein Ende/Finale

Schließlich erzählt das Mädchen von seinem Entschluss, die Party in der realen Welt zu veranstalten. Sie lässt uns teilhaben, wie sie ihre Mail an alle Freunde formuliert und abschickt. Dann könnte sie auf die andere Seite der Bühne gehen und damit einen Zeit- und Raumsprung machen.

Sie ist direkt in dem Partyraum und wartet auf ihre digitalen Freunde. Sie steht eine lange Zeit allein und wartet – wir mit ihr!

Dann setzt plötzlich leise, wie aus dem Hintergrund, eine Musik ein, die immer lauter wird und mit dem Anschwellen der Lautstärke kommen plötzlich aus allen Ecken die übrigen Tänzerinnen – die digitalen Freunde und versammeln sich um das Mädchen.

Sie alle stehen schließlich, als die Musik zu voller Lautstärke angewachsen ist, wie auf einem Foto beisammen. Nacheinander gehen nun die einzelnen Figuren der vorher gesehenen Geschichten nach vorne und decken ihre digitalen Masken durch das Zeigen der Wahrheit auf.

Diese Erzählerinnen bleiben nach ihrer „Beichte" vorne am Bühnenrand nebeneinander stehen. Schließlich kommt das Mädchen zu ihnen nach vorne. Die übrigen Tänzerinnen bleiben im Hintergrund stehen. Das Mädchen könnte einen abschließend moralisierenden Satz sprechen, wie:
„Am Ende sind wir doch eigentlich alle ganz okay so, wie wir wirklich sind! Ich freue mich jedenfalls, euch alle jetzt wirklich zu kennen! Und darüber, dass ich jetzt stinknormale, aber nette und richtig gute Freunde habe! Kommt, lasst uns jetzt einfach eine coole Party feiern!"

Nun setzt eine fetzige Musik ein, zu der das gesamte Ensemble eine mitreißende Choreografie tanzt, in die möglichst auch das Publikum mit einbezogen werden soll/kann.

Überblick

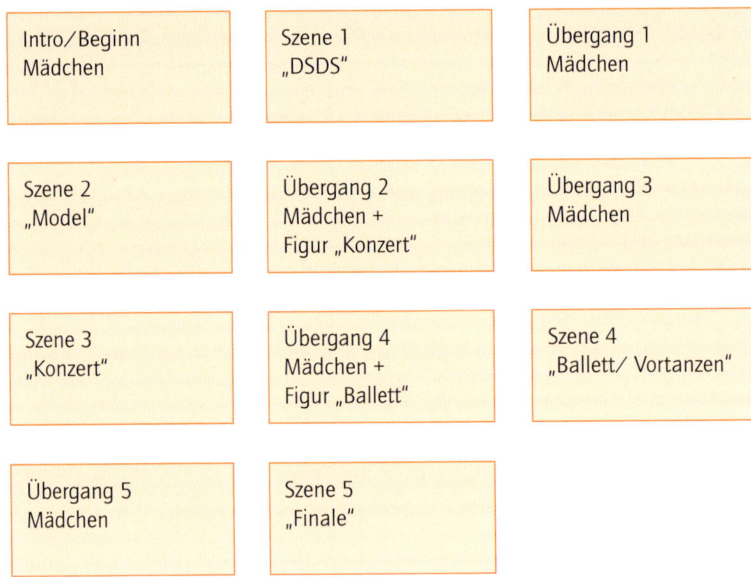

Diesem Konzept können beliebig viele Teilgeschichten und damit Szenen hinzugefügt werden!

Aufgepasst!

Dies waren Beispiele für mögliche Handlungsabläufe, deren Figuren sowie eines Stückaufbaus!
Abläufe, Aufbau und Figuren können natürlich auch ganz anders gewählt werden.

Diese Konstruktion lässt sich allerdings sehr einfach und schnell umsetzen.

Es bedarf hierbei allerdings einiger Einzelrollen und im Grunde einer Hauptrolle.

Bitte denken Sie auch bei dieser Stückkonstruktion an die Abfrage und Einbeziehung besonderer Talente der Teilnehmerinnen – es lohnt sich!

Möglicher technischer Zusatz:

Im Hintergrund könnte ein Beamer aufgebaut sein, auf dem wir parallel zum Geschehen auf der Bühne immer die geschriebenen Mails lesen können.

3.2.1 Wie denke ich weiter?

Anhand dieser beiden Beispiele von Stückkonzeptionen lässt sich veranschaulichen, wie schnell vielfältige Themen für ein Tanztheaterstück gefunden und einfach umgesetzt werden können.

In diese Richtung kann immer neu weitergedacht werden.

Themen für solche Tanztheaterprojekte sollten ein paar Voraussetzungen erfüllen.

Sie sollten:

- viele Möglichkeiten für verschiedene Teilgeschichten zur Szenenbildung bieten;
- allgemeingültig sein, um sie abstrakt umsetzen zu können;
- durch die Möglichkeit zur Abstraktion die Vermeidung von zu vielen Haupt- und Nebenrollen gewährleisten;
- möglichst viele Kinder durch die Kombination mehrerer Geschichtenstränge auf der Bühne beschäftigen können;
- thematische Bilder beinhalten, die sich gut tänzerisch umsetzen und erzählen lassen;
- thematische Inhalte, die nah an der alltäglichen Erlebniswelt der Kids sind, beinhalten.

Suchen Sie im Vorfeld ein paar mögliche Themen für sich heraus und wählen Sie dann vor Probenbeginn mit den Kindern die tatsächlichen Themen aus!

Anregungen

Folgende thematische Inhalte könnten auch geeignet sein und zum Weiterdenken anregen:

- **Party** (wir befinden uns auf einer Party und sehen auf der Bühne, was alles auf einer Party passieren bzw. Thema ist: Liebeskummer/erste Liebe/Freundschaften/Eifersucht/Alkohol/Styling etc.).
- **Urlaub** (verschiedene Formen von Urlaubswünschen oder Vorlieben werden auf der Bühne gezeigt: Wandern/Strand/Berge/Religion/Bauwerke/Kunst – sowie die verschiedenen Arten von Charakteren und Menschen, die diese unterschiedlichen Formen von Urlaub machen möchten).
- **Schule** (wir sehen alles, was in der Schule für die Kids Thema ist: Versagensangst/Erfolgserlebnisse/Ziele/Ehrgeiz/Frust/Freunde/Dominanz und Respekt/Druck/Wünsche/Regeln und Grenzen etc.).
- **Freizeit/„Was mache ich, wenn ich nichts mache?"** (auf der Bühne wird sich mit verschiedenen Themen zur Freizeitgestaltung auseinandergesetzt: Hobbys/Langeweile/Computer/Handy/Hund + Spaziergänge + Natur/ Freunde und Abhängen/Freunde + Spielen etc.).

- **Lüge und Wahrheit** (auf der Bühne wird sich mit der Frage nach der Lüge und ihrem Sinn für uns Menschen auseinandergesetzt. Warum lügen wir, lügen wir nicht alle mal und wie oft lügen wir am Tag? Warum ist die Lüge auch gut? Wer lügt und warum? Wann lügen wir und warum? Wozu nützt den Menschen die Lüge? Etc.).
- **Ich bin ich!** (auf der Bühne wird sich mit der Frage nach der eigenen Identität auseinandergesetzt: Mag ich mich, wie ich bin? Wie wäre ich gern? Was mag ich nicht an mir und warum? Wie kann ich mich so akzeptieren, wie ich bin? Was mag ich an mir und warum? Etc.).
- **Wie war es gestern und wie ist es heute?** (auf der Bühne wird sich mit dem Leben der verschiedenen Generationen beschäftigt: Wie war es für unsere Eltern, Kind zu sein und wie ist es für uns? Was sind die Unterschiede? Was bleibt immer gleich? Welche Zeit war besser oder ist alles gut? Etc.).

Anhand dieser möglichen Themen lässt sich zeigen, welche Inhalte gut und für die Kids interessant und verständlich umsetzbar wären.

Lassen Sie sich von Ihrer Umgebung und Ihren eigenen Erlebnissen inspirieren. Erinnern Sie sich, was Sie selbst bewegt hat, als Sie jung und pubertierend die Welt betrachtet und erkundet haben.

- Was sind die Interessen der Kinder heute?
- Womit beschäftigen sie sich?
- Wie unterscheiden sich Kinder aus ländlichen und aus städtischen Regionen?
- Wie wirkt sich die heutige Gesellschaft auf die Heranwachsenden aus?
- Wie verändern sich die Prioritäten in der Pubertät?
- Was ist heute „cool"?
- Was unterscheidet „gestern" und „heute"?

Solche Fragen können Sie sich stellen, um auf Themen zu kommen, die interessant und spannend in der Umsetzung sein können.

Die Themen liegen überall auf dem Weg, Sie müssen nur immer die Augen und Ohren offenhalten!

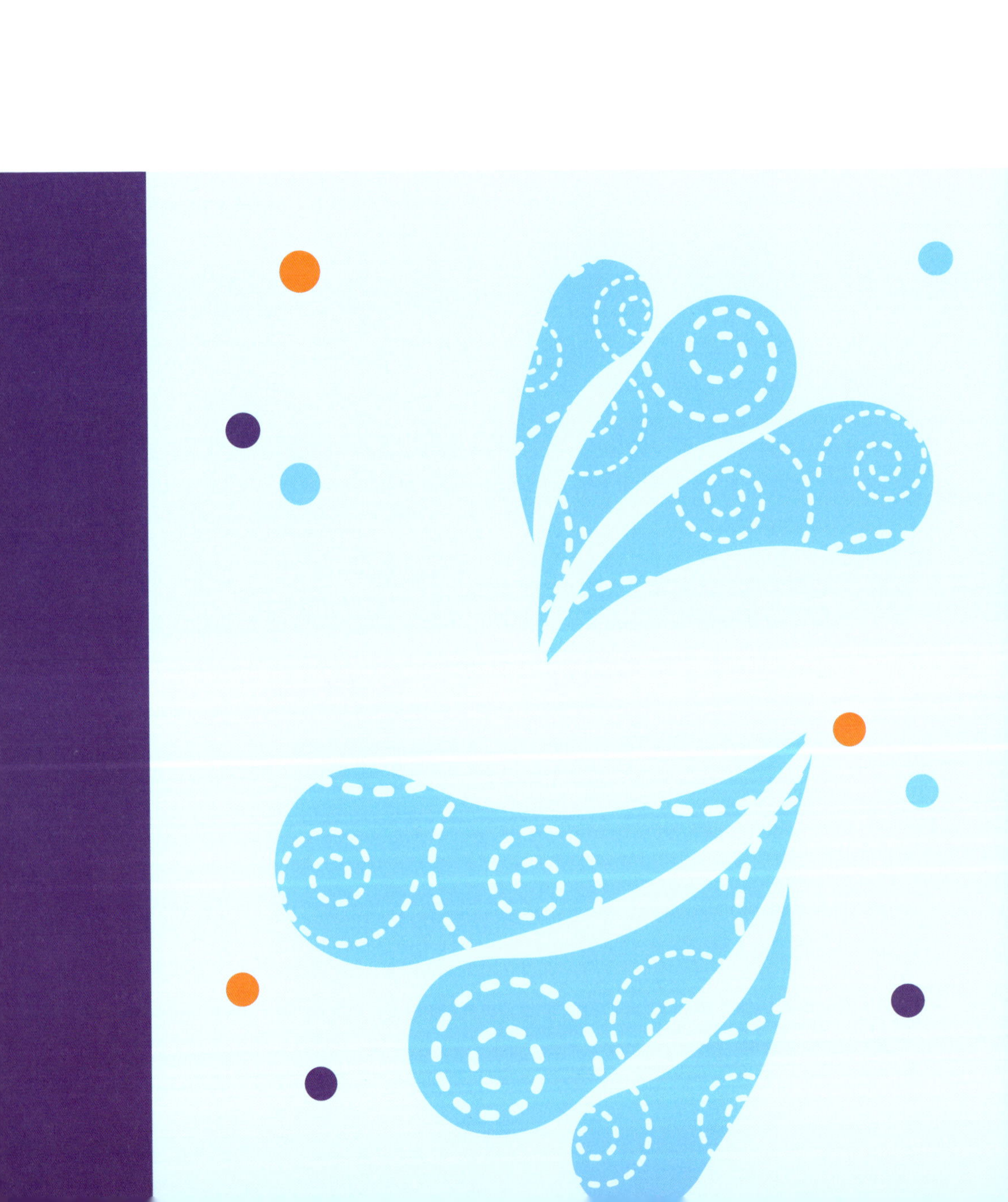

KAPITEL 4

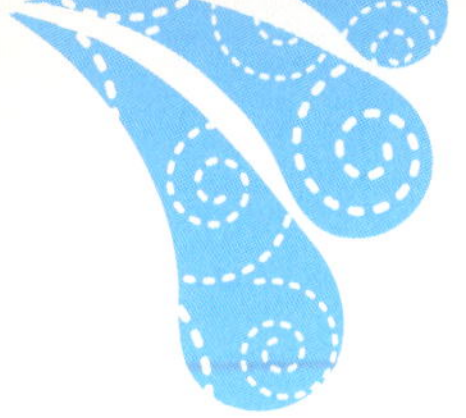

4 TANZ UND THEATER

In diesem Kapitel geht es um die allgemeingültigen Aspekte rund um Tanz und Theater sowie um ihre Kombination zu einem Tanztheaterstück.

Die Auffassungen, was unter einem Tanztheaterstück zu verstehen ist, sind natürlich unterschiedlich. Ich möchte hier nur meine Denkansätze dazu vorstellen!

Was aber unter *Tanztheater* zu verstehen ist, bleibt ein breit gefächertes Feld und bezieht sich auf viele unterschiedliche Ansätze. Es handelt sich bei allen meinen Ausführungen ausschließlich um Konzeptionen für Kinder und Jugendliche.

Daher sind die Konstruktionen der Stücke immer einfach gehalten und in den hier vorgestellten Fällen immer in abstrakter Form gestaltet.

Der Grund dafür ist, dass auf diese Weise viele Kinder mit unterschiedlichen Voraussetzungen und tänzerischen Vorkenntnissen einbezogen und ihren Fähigkeiten entsprechend eingesetzt werden können.

4.1 Was braucht ein Tanztheaterstück?

Bei dieser Frage gehen die Meinungen, wie oben schon erwähnt, auseinander und es gibt unzählige Ansätze.

Eines aber sollte klar sein – in einem Tanztheaterstück werden die beiden Formen darstellender Kunst, „Tanz" und „Theater", miteinander verbunden.

Dabei unterscheidet sich aber das Tanztheater vom Genre „Musical"!

Musical

Das Musical ist eine in der Regel zweiaktige Form populären Musiktheaters, die Gesang, Tanz, Schauspiel und Musik in einem durchgängigen Handlungsrahmen verbindet (Wikipedia).

Tanztheater

Im modernen Tanztheater wird mit experimentellen Bewegungselementen gearbeitet und nach genreübergreifenden, neuen tänzerischen Darstellungen gesucht. Dabei wird im Tanz der theatralische Aspekt stark betont. (...)

(...)
Eine durchgehende Geschichte ist eher selten, oft werden montageartig aneinandergereihte Szenen gezeigt, die zu einem speziellen Thema zusammengestellt werden. Die Musik – oder andere akustische Begleitung, wie Geräusche – muss auch nicht aus einem Guss sein, sondern richtet sich nach dem jeweils Dargestellten. Sie wird meist nicht von einem Orchester gespielt, sondern als Kompilation vom Band.

Tanz ist nicht das einzige Ausdrucksmittel, es können außerdem Sprache, Gesang und Pantomime verwendet werden (...).

Die erzählten Themen sind meistens neu. Sie beleuchten den Menschen in der Zeit und der Gesellschaft.
Das Individuum in seinem Austausch mit anderen, der Alltag, Gefühle, Situationen sind wichtig (...).

Die Tänzer sind Persönlichkeiten, die mit ihrem Charakter und ihren Eigenarten auf der Bühne stehen und nicht physisch perfekt sein müssen (...).

(...)Die Aufteilung in Solisten und Ensemble existiert so nicht mehr. Stattdessen werden Charakterdarstellungen geschaffen, die alle gleichwertig nebeneinander stehen (...) (Wikipedia).

Diese Beschreibung bei Wikipedia entspricht meinem Verständnis von Tanztheater und nach diesen Richtlinien habe ich meine Projekte entwickelt.

In einem Tanztheaterstück mit Kindern und Jugendlichen sind die Themen der Teilgeschichten wichtig und die Szenen sollten nur bis zu einem gewissen Maße abstrakt sein, damit sie für die Kinder verständlich und nachvollziehbar sind.

Für Kinder ist es zunächst ungewohnt, dass es keine konkrete Handlung bzw. Geschichte gibt. Diese Herangehensweise an ein Stück, ohne Handlung mit Figuren und Geschichte, wirkt zunächst unverständlich und damit verunsichernd auf Kinder.

Hier hat es sich bewährt, den Kindern zu erklären, dass wir viele kleine Geschichten erzählen und die dann zu einem großen Ganzen zusammenstecken, so wie bei einer großen Decke, die aus vielen kleinen Flicken zusammengenäht wurde.

Erklärungen durch Bilder helfen Kindern ungemein!

Überblick

1 Thema

Ein Thema als Grundlage für das Stück finden, das nah an der Erlebniswelt der Kinder dran ist.
Die Kinder sollen sich innerhalb des Themas auskennen und sich damit identifizieren können.
Das Thema sollte vielfältig umsetzbar sein.
Das Thema sollte Raum für Lustiges und Ernstes bieten.

2 Struktur/Dramaturgie

Es sollte keine zusammenhängende Handlung geben, sondern einzelne Versatzstücke in Form von kleinen Teilgeschichten zu einem übergreifenden Thema, die dann zu einem Stück zusammengefügt werden.

Die Teilgeschichten in Form von Szenen werden durch unterschiedliche Übergangsszenen miteinander verbunden.

Die Hauptszenen beinhalten die Tanzelemente.

Die Übergangsszenen können Sprache, Pantomime oder auch Gesang etc. beinhalten.

Die Übergangsszenen können immer gleich sein, wie eine Art Ritual oder immer wieder neu gestaltet werden.

Es gibt keine Haupt- und Nebenrollen, sondern alle teilnehmenden Kinder sollen gemäß ihren Fähigkeiten und Wünschen im Stück agieren.

Durch den stetigen Wechsel von Hauptszenen (Tanz) und Übergangsszenen (Sprache, Gesang, Pantomime, Vortrag etc.) können viele Kinder permanent auf der Bühne in Aktion sein.

3 Sprache

Der Einsatz von Sprache und/oder Gesang dient in einem Tanztheaterstück als zusätzliches Mittel zum Ausdruck.

In einem Stück mit Kindern dient die Sprache auch noch einmal als erläuterndes Instrument, um die getanzten, abstrakten Passagen besser verständlich zu machen.

Sprache wird in dieser Art der Dramaturgie hauptsächlich in den Übergangsszenen eingesetzt.

Hier kann Sprache in verschiedenen Formen eingesetzt werden:

- sachliche, informierende Texte am Mikrofon;
- Dialoge zu zweit;
- innere Monologe/äußere Monologe einer Person;
- Gespräche von mehreren Personen;
- Erzählstränge von mehreren Personen, die ineinandergreifen;

- Sprache in szenischer Form;
- Sprache/Texte aus dem Off – eine oder mehrere Stimmen kommen aus dem Hintergrund vom Band;
- Texte werden aus dem OFF auf die Bühne gerufen – der Zuschauer sieht aber die Akteure nicht.

Hier kann ebenfalls mit Gesang gearbeitet werden!
Sollte ein Kind besonders gut singen können, so kann dieses Talent genutzt werden, um durch einen Song, der textlich zum Thema passt, einen Übergang zur nächsten Geschichte zu schaffen.

Tanz

4 Der Tanz sollte in einem Tanztheaterstück das Hauptelement bilden.

Mit dem Medium Tanz erzählen wir die Geschichten, drücken Gefühlszustände aus, zeigen unterschiedliche Emotionen und geben Einblicke, die manchmal lustig, manchmal traurig und ernst daherkommen.

Die Bewegungen des Körpers im Tanz, zusammen mit der Musik, bieten so viel mehr Möglichkeiten, vor allem für Kinder, Emotionalität zu zeigen, als Sprache allein es oft kann.

Nicht umsonst sagt man, der Tanz sei die Sprache der Welt, die überall verstanden wird.

Tanz und Bewegung sind in sich schon Gefühl und Emotionalität pur.

Kinder, die fröhlich sind, tanzen.

Daher bieten Tanz und Bewegung gerade in der theatralischen Arbeit mit Kindern und Jugendlichen eine wunderbare Möglichkeit, emotionale Geschichten zu erzählen.

Die Tanzelemente innerhalb eines solchen Tanztheaterstückes sollten aus unterschiedlichen Genres entnommen werden.

Die bei den Kids beliebteste Stilrichtung ist natürlich der Hip Hop!

Aus dieser tänzerischen Stilrichtung können und sollten viele Anteile genommen werden.

Aber es ist auch wichtig, anderen tänzerischen Stilrichtungen Raum zu geben, wie z. B. Jazz Dance, Musical Dance, Modern Dance, Folklore etc.

Zum einen, um den mitwirkenden Kids auch andere Tanzarten näherzubringen und zum anderen, damit das Stück auch für das Publikum spannend und abwechslungsreich bleibt.

5 Mitarbeit der Kids

Arbeiten Sie auf Augenhöhe mit den Kids!

Natürlich sind Sie die letzte Instanz, wenn es um schlussendliche Entscheidungen geht, aber die Kids sollten immer das Gefühl haben, ein Mitspracherecht zu haben.

Dieses Gefühl stärkt die Motivation der Kinder, sich einzubringen und konzentriert zu arbeiten.

Gleichzeitig erhöht es den Lerneffekt während der Produktion bei den Kids.

Lerneffekte:

- Disziplin,
- Teamgeist,
- Selbstbewusstsein,
- Kreativität,
- Pünktlichkeit/Fleiß,
- Erfolgserlebnisse durch Initiative.

Alle diese Lerneffekte stecken in Theaterarbeit mit Kindern und Jugendlichen.

Diese „Lehren" nehmen die Kinder während und nach der Produktion mit in ihren Alltag und können auch dort davon profitieren.

Oft sind die Lerneffekte innerhalb einer solchen Produktion viel größer und nachhaltiger, als innerhalb der Institution „Schule".

6 Abwechslung/Effekte

Damit das Stück in seinem Ablauf für die Zuschauer spannend und fesselnd wird, bedarf es stetiger Überraschung und unvermuteter Aktionen.

Solche Momente lassen sich schaffen, indem verschiedene Effekte eingebaut werden:

- Lichteffekte (wenn möglich).
- Stetige Abwechslung in der Gestaltung der Übergänge und Tanzszenen (Solistenarbeit/Ensemblearbeit/wechselnde Positionen für Auftritte/wechselnde Formationen, wie Pulk, Reihen, gegenüberstehend, Duette, Soli, Battles etc.).
- Einbau von Requisiten, die für Tanzszenen oder Übergänge benutzt werden, wie Handtücher, Hüte, Kleider, Spielkarten, Würfel, Sand, Zeitungen, Taschen etc.
- Projektionen an die Bühnenrückwand (wenn möglich!), wie Fotos, Mails, gemalte Bilder, Zeichnungen etc.
- Besondere Talente von Kids einbauen, die überraschend im Stückverlauf eingesetzt werden, wie Gesang, Akrobatik, Jonglieren, Einradfahren, Skateboardfahren etc.
- Möglichkeiten der Location nutzen, wie z. B. Treppen in einer Halle, Balustraden, Stufen, Podien etc.
- Eventuell die Möglichkeit, das Publikum zu einem Ortswechsel mitzunehmen: Innerhalb einer Szene wird das Publikum aufgefordert, die Darsteller zu einer anderen Location (vor der Tür auf einem Parkplatz o. Ä.) zu beglei-

ten, wo z. B. eine kurze Szene gespielt wird und dann wird das Publikum wieder zur normalen Bühne zurückgelotst.

- Das Publikum plötzlich in das Geschehen des Stückes mit einzubeziehen, wie z. B., indem die Zuschauer eine Entscheidung für den weiteren Stückverlauf einbringen können: „Hat jemand von Ihnen eine Idee, was Paula jetzt tun könnte? Soll sie (...) oder sollte sie lieber (...)?"

Durch solche und andere kleine Effekte lässt sich das Stück wieder neu lenken und die Zuschauer werden immer aufs Neue überrascht und beim Geschehen gehalten!

7 Eine bunte Gruppe

Ein Tanztheaterprojekt lebt von der Gruppe von Kids, die es spielen und tanzen sollen!

Je unterschiedlicher die Kinder sind, desto besser.

Kinder, die aus unterschiedlichen sozialen Schichten und Hintergründen kommen, können ungemein voneinander lernen und profitieren.

Man könnte denken, dass dies viele emotionale, zwischenmenschliche Probleme mit sich bringt, aber in all meinen Projekten war genau das Gegenteil der Fall!

Die Kids sind in der Probenzeit eng zusammengewachsen.

Die gemeinsame, kreative Arbeit an dem Stück mit dem Blick auf ein gemeinsames Ziel hat alle zusammengeschweißt und zu neuen Freundschaften geführt, die ohne das Projekt wohl nie entstanden wären.

Ohne gegenseitigen Respekt und Toleranz kann kein Bühnenstück entstehen, weil dazu gehört, aus sich herauszugehen und sich zu zeigen.

Zudem muss man sich gut kennenlernen, um die Probenzeit zu überstehen.

Die Kinder zeigen ihre Ängste und ihre Gedanken während der Proben.

Andere Menschen aus anderen Kulturen, aus anderen Zusammenhängen, mit anderen Gewohnheiten und Ansichten kennen- und besser verstehen zu lernen, schafft Akzeptanz für das scheinbar „Fremde".

In unserer heutigen Zeit ist, meines Erachtens, dieser Aspekt von größter Wichtigkeit für junge Menschen.

Ein Tanztheaterstück lebt von der Vielfalt und Unterschiedlichkeit der Menschen, die es darstellen.

Deshalb ist eine möglichst bunte Gruppe von Vorteil für eine solche Produktion.

4.2 Sprache und Mimik

Beide Anteile, Sprache, sowie die Mimik der Darsteller, sind für ein Bühnenstück, das nur durch Tanz, Musik, kleine Sprachanteile und abstrakte Konstruktionen eine Geschichte oder ein Thema erzählen soll, von großer Wichtigkeit.

In der Theaterarbeit mit Kindern und Jugendlichen sollte diesen Aspekten besondere Aufmerksamkeit geschenkt werden. Kinder ab 10 Jahren verlieren oftmals ihre „Freizügigkeit", das hemmungslose Einsetzen von Mimik und Gestik, wie es kleinere Kinder von allein noch tun. Sie werden langsam zu „cool" dafür und ihre Gesichter dementsprechend unleserlich.

Viele Aspekte von Sprache, Mimik des Gesichtes oder der improvisierenden Arbeit mit dem Körper sind für Kinder diesen Alters peinlich und unangenehm. Diese Gefühle heißt es zu verringern und zu minimieren.

Was ist dafür nötig?

- Sie selbst als Probenleitung müssen vollkommen aus sich rausgehen können. Sie sollten sich selbst nicht scheuen, die absonderlichsten Grimassen und Töne zu machen. Nur so können die Kinder ebenfalls ihre Hemmungen fallen lassen, wenn sie sehen, die „Erwachsene" tut das ja auch!
- Vielleicht laden Sie einmal zu einer Probe einen „Profi" ein, der mit den Kindern eine Probe leitet. Ein Schauspieler, der den Kindern direkt zeigen kann, was mit Sprache möglich ist und wie „cool" das Experimentieren damit sein kann.
- Suchen Sie sich lustige Übungen aus dem Theatersport oder der Improvisation heraus, die den Kids einfach Spaß machen und ihre Hemmungen von allein abbauen (einige werden in Kap. 4.5 noch vorgestellt).

Was ist für den Aspekt Sprache im Stück wichtig?

1) Umfang

Der Umfang der sprachlichen Einheiten in einem Stück mit Kindern und Jugendlichen sollte möglichst gering sein.

Es sollten nicht allzu lange Textpassagen sein.

Kurze, knappe und einfache Sätze sowohl in den sachlichen Texten als auch in den Dialogen!

2) Aussprache

Die deutliche, genaue und vor allem auch korrekte Aussprache ist ein Aspekt, auf den viel Wert gelegt werden sollte.

Viele Kids heute haben eine eigene Sprachform entwickelt, die Sätze stark verkürzt und wichtige Satzteile einfach weglässt.

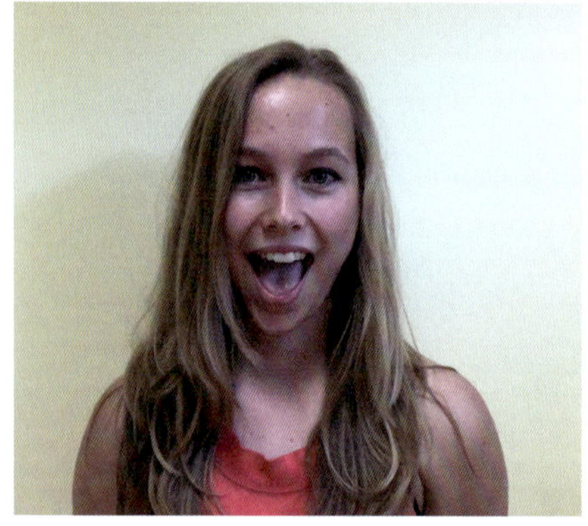
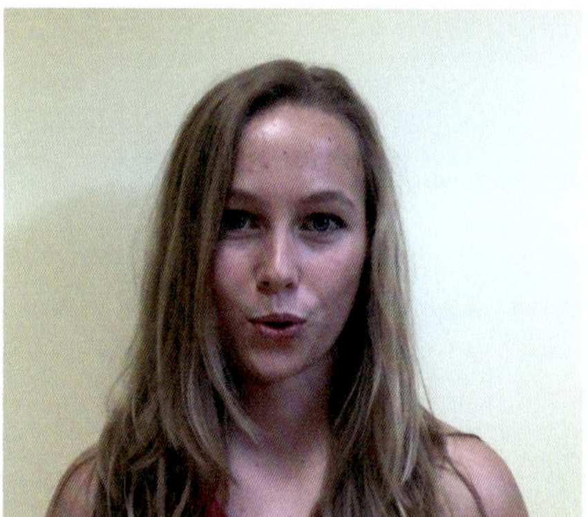
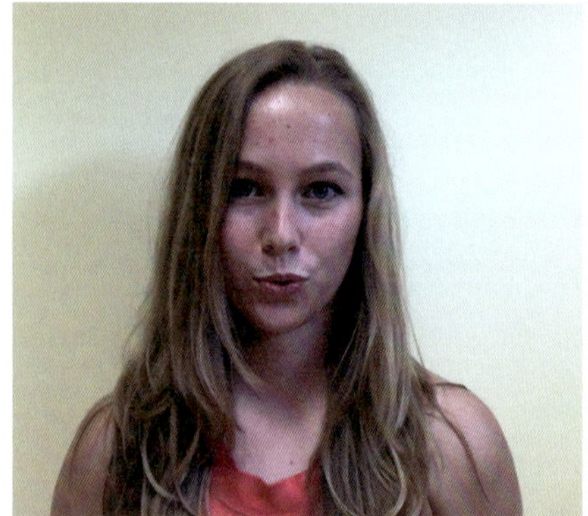
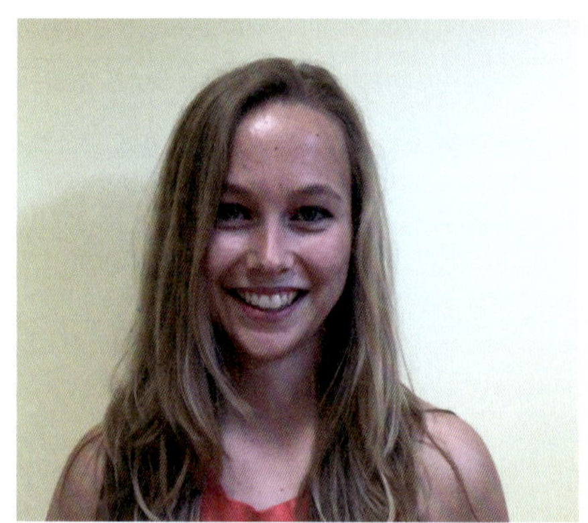

Lassen Sie die Kinder die einzelnen Sätze immer wieder laut und deutlich aussprechen.

Wenn nötig, holen Sie sich Anregungen aus entsprechender Literatur dazu:

Titel: Mit Sprechen Bewegen

Autor: Uwe Schürmann

Verlag: Reinhardt Ernst

Erschienen: Oktober 2010

Titel: ABC des Sprechens

Autor: Heidi Puffer

Verlag: Henschel Verlag

Erschienen: 17.2.2015

Üben Sie mit den Kindern auch einfach nur, Buchstaben als Töne auszusprechen, wie „AH/OH/UH/IH" und dabei den Mund ganz genau zu formen.

3) Sprechen üben

Die Kids sprechen immer mehr über ihr Handy miteinander. Sie tippen Nachrichten, anstatt direkt miteinander zu kommunizieren. Vielen Kids fällt es tatsächlich schwer, längere Sätze konzentriert und gänzlich zu sprechen – im wahrsten Sinne des Wortes im Text zu bleiben.

Deshalb lassen Sie die Kids immer wieder Sprechübungen machen. Dies sollte ein fester Bestandteil bei jeder Probe sein.

Einige Übungen dazu finden Sie in Kap. 4.4.

4) Lautstärke

Eine große Schwierigkeit für die Sprachanteile im Stück ist das laute Sprechen. Sind viele Zuschauer im Raum und ist der Raum sehr groß, so müssen die Darstellerinnen laut und deutlich auf der Bühne sprechen.

Dies fällt vielen Kids sehr schwer und ist für Kinder von 10 Jahren auch viel verlangt.

Es gibt zwar auch hierfür einige Übungen, die die Kids darin unterstützen und fördern können, laut zu sprechen, aber das gewünschte und notwendige Resultat bleibt in den meisten Fällen aus.

Deshalb habe ich in allen strukturellen Beispielen das Mikrofon vorne am Bühnenrand eingeführt.

Alle Texte können, als fester Ort, an diesem Mikro gesprochen werden. Vielleicht ausgenommen die Dialoge, aber das wäre dann eine Besetzungsfrage.

Die Kinder können sich sozusagen hinter dem Mikrofon verstecken, was einige Ängste und Hemmungen nehmen kann und durch die Verstärkung der Stimme können sie in ihrer „Alltagslautstärke" sprechen.

Was ist für den Aspekt Mimik im Stück wichtig?

1) Mut

Die Kinder müssen sich trauen, mit ihrem Gesicht zu sprechen. Das bedeutet, unterschiedliche Emotionen durch bzw. mit dem Gesicht auszudrücken.

Emotionen, wie Trauer, Fröhlichkeit, Angst, Schüchternheit oder Wut, können innerhalb des Stückes auftauchen, müssen dargestellt werden und auch im Gesicht ablesbar sein. Zur Darstellung von emotionaler Mimik im Gesicht gehört Mut und ein gewisses Maß an Selbstsicherheit, sich dies zuzutrauen.

Auch der Mut, vielleicht mal hässlich auszusehen oder zumindest nicht mehr „perfekt" zu sein! Gerade im Alter ab 10 Jahren wird dies eine große Herausforderung.

Um dieses Selbstvertrauen zu fördern und aus den „toten Gesichtern" lebendige Gesichter zu machen, sollten bei jeder Probe gezielte Übungen aus dem Theatersport eingebaut werden, sowie Improvisationsübungen und Techniken, die diesen Prozess unterstützen.

Die stetige Wiederholung schafft Sicherheit und irgendwann genügend Selbstsicherheit, um mit dem Gesicht und der Mimik zu sprechen.

2) Was bedeutet was?

Bei diesem Punkt geht es um das Verständnis der Kinder dafür, welche Emotion überhaupt welche Reaktion im Gesicht auslöst. Jeder Mensch reagiert mit seiner Mimik emotional. Dies tut er jedoch meistens unbewusst.

Um das Bewusstsein der Kinder für unterschiedliche Gesichtsausdrücke zu sensibilisieren, bietet es sich an, Mimik gezielt zu üben.

Dafür können alle z. B. vor einem großen Spiegel stehen und zu vorgegebenen Emotionen, wie Wut oder Trauer, Gesichter schneiden, sich selbst dabei beobachten.

Eine andere Möglichkeit ist, dass die Kinder zu zweit zusammengehen und sich gegenseitig beim „Gesichter schneiden" zusehen. Die Probenleitung würde dabei die jeweilige Emotion ansagen.

Schließlich könnten auch von den „Gesichtern" einzelne Fotos gemacht werden, die in der nächsten Probe gezeigt werden und die Kinder müssen raten, um welche Emotion es sich auf dem Bild handelt.

Das macht den Kindern viel Spaß und jedes Kind darf sein Bild am Ende auch behalten, zur Erinnerung!

Gesichter:

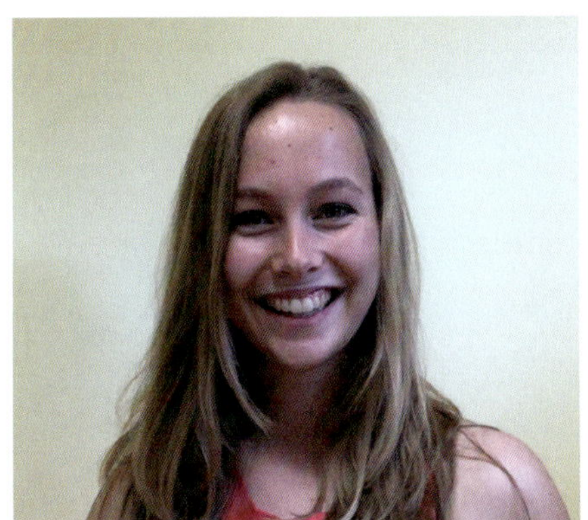
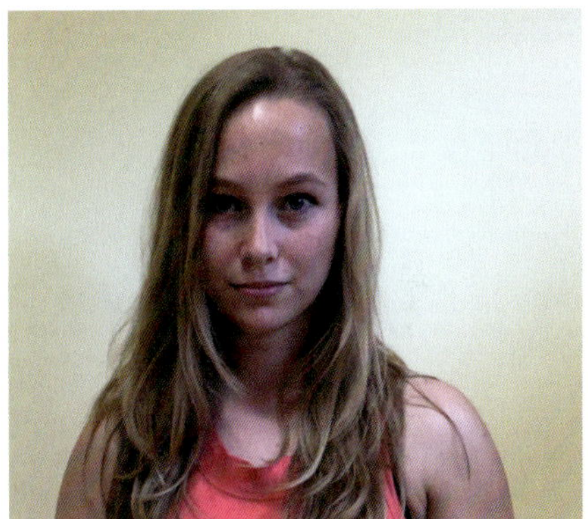
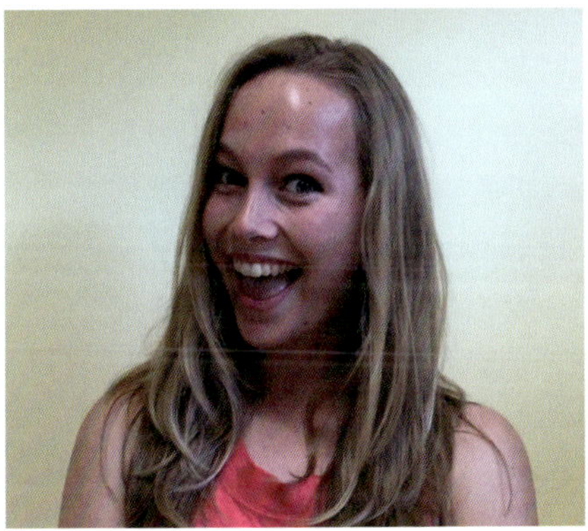
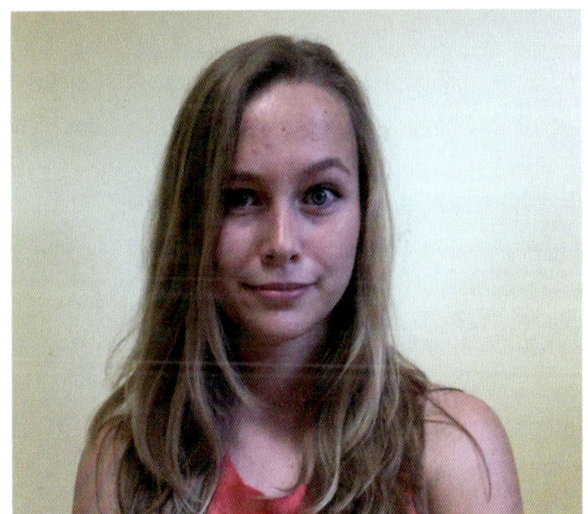

3) Ausprobieren geht über Studieren

Schlussendlich geht es immer darum, Hemmungen abzubauen und Selbstvertrauen aufzubauen. Dies lässt sich am besten durch wiederholte Theaterübungen erreichen und auch durch die Vorbildfunktion der Probenleitung!

Wichtig ist auch, die Kinder immer wieder selbst ausprobieren zu lassen. Das gilt vor allem für Probenelemente, wo es darum geht, sich zeigen zu müssen und aus sich herauszugehen.

Manchmal geht das z. B. besser in kleinen Teilgruppen, in Zweier- oder Dreiergruppen, in denen die Kinder selbst Grimassen oder auch Sprachsequenzen in einer sicheren Gruppenkonstellation ausprobieren können.

Das ständige eigene Ausprobieren und Experimentieren mit solchen Aufgaben schafft irgendwann eine Art Routine im Umgang mit derartigen Herausforderungen!

Aufgepasst!

Diese Auseinandersetzung innerhalb der Probenarbeit mit Aspekten, wie Sprache, Mimik, Gestik, größeres Bewusstsein für die eigene Person schaffen, sowie Mut und Selbstwertgefühl fördern, ist nicht nur für das Entstehen des Stückes wichtig, sondern vor allem auch eine tolle Hilfestellung im alltäglichen Leben der Kinder!

4.3 Tanz

Nun geht es um den zentralen Aspekt eines Tanztheaterstückes – den Tanz!

Zu diesem wichtigen Thema können sich folgende Fragen auftun:

- Wie viel Tanz braucht ein Tanztheaterstück?
- Welche Art von Tanz?
- Darf ein Tanzstil überwiegen oder sollte er dies sogar?
- Müssen alle Kinder Tanzerfahrung haben?
- Wie baue ich Kinder ohne Tanzerfahrung ein/wie bringe ich alle auf einen Nenner?

Ich will versuchen, auf diese Fragen im Folgenden Antworten zu geben.

4.3.1 Wie viel Tanz?

Ich vertrete die Meinung, dass das Element „Tanz" innerhalb eines solchen Stückes überwiegen sollte – „Tanz" als Hauptelement!

Das Element „Sprache" und „Schauspiel" sollte nur für die Gestaltung der Übergänge bzw. als eine Art zusätzliche „Würze" genutzt werden.

Die Hauptszenen werden immer tänzerisch gestaltet und somit die zentralen Szenen des Stückes „tanzend erzählt".

Tanz

- Hauptszenen
- Emotionen
- Themen
- Geschichten

Sprache

- Übergänge
- Erläuterung
- Information
- Abwechslung

Schauspiel

- Übergänge
- „Würze"

4.3.2 Welche Art Tanz?

Bei dieser Entscheidung sind der Vielfalt keine Grenzen gesetzt!

Ich denke, es ist nur von Vorteil, den teilnehmenden Kindern so viele unterschiedliche Arten von Tanz zu vermitteln wie möglich. Dies bezieht sich nicht nur auf unterschiedliche Tanzstile der heutigen Zeit, sondern ebenso auf Tanz aus unterschiedlichen Zeitepochen.

Vielleicht könnte es innerhalb eines Stückes thematisch eine Art Zeitreise geben und der Tanzstil einer älteren Zeitepoche wird eingebaut. So lernen die Kinder, ganz nebenbei, auch einige Aspekte der Tanzgeschichte sowie Musikgeschichte kennen.

Es gibt immer wieder Kinder, die besondere Tanzarten als Hobby betreiben. Ich hatte z. B. einmal ein Mädchen dabei, das war Mitglied in einer Trachtengruppe und dort tanzten sie alte Volkstänze, sogenannte *Reigentänze*.

Sie hat in einer Probe ihre Kenntnisse an uns weitergegeben und ich habe auch einen Teil davon in das Stück tänzerisch eingebaut. Es lohnt sich, diese Kenntnisse der Kinder zum Probenbeginn abzufragen!

Tanzstil

- Hip Hop
- Jazz Dance
- Modern Dance
- Ballett
- Ausdruckstanz
- Folklore
- Spanisch
- Step Dance
- Burleske
- Standardtanz
- Musical Dance

Tanzgeschichte

- 90er (Hip Hop)
- 80er (Jazz Dance)
- 70er (Hippie/Ausdruckstanz)
- 60er (Swing)
- 50er (Rock 'n' Roll)
- 40er (Volkstanz)
- 20/30er (Charleston)
- Barock (Menuett)
- Belle Epoque (Ballett)
- Heidnische Tänze
- Veitstänze

Es lohnt sich, manchmal auch tänzerisch in „alten Zeiten" zu stöbern oder in völlig anderen „Tanzrichtungen"!

Ich habe in meinen Projekten öfter mal Elemente aus dem Musical Dance, dem Modern Dance, aus der Folklore, dem Standardtanz und Lateintanz, sowie dem Step Dance und dem Ballett eingebaut. Auch gab es in einem Stück mehrere Bodypercussions, die gänzlich ohne Musik stattfanden.

Für die Kinder waren diese Exkursionen in andere Tanzstile, Rhythmik und auch andere „Tanzzeiten" immer spannend und auch lustig!

4.3.3 Ein Tanzstil als Hauptstil?

Ich denke schon, dass man sich, dramaturgisch gesehen, als eine Art roten Faden für einen Tanzstil entscheiden sollte. Das kollidiert allerdings nicht mit meinen Aussagen zur vorausgegangenen Frage – nichtsdestotrotz können andere Stile, Strömungen und Zeitepochen als „Salz in der Suppe" eingestreut werden.

In meinen Projekten hat es sich bewährt, den Tanzstil Hip Hop, kombiniert mit modernem Jazz Dance, als Hauptrichtung einzuschlagen. Diese Tanzrichtung ist den meisten Kids bekannt und ungeheuer beliebt unter den Kindern und Jugendlichen. Mit dieser Art von tänzerischer Bewegung kann eine breite Masse von Kids angesprochen und erreicht werden – Mädchen wie auch Jungen.

Das erleichtert die Herangehensweise sehr und vermeidet auch einiges an anfänglichen Hemmungen, da die Kinder diesen Tanzstil aus den Medien kennen und er als „cool" empfunden wird. Dazu kommt die Aktualität der Musik. Hip Hop als Musikströmung ist ungeheuer beliebt und populär.

Von Vorteil ist außerdem, dass sich für die sehr breit gefächerte, tänzerische Stilrichtung Hip Hop auch Songs aus dem aktuellen Popbereich verwenden lassen, die die Kids kennen und mögen!

Hauptrichtung

- Hip Hop
- Modern Jazz Dance
- Breakdance
- Streetdance

Nebenrichtung

- Musical Dance
- Folklore
- Standardtanz/Lateintanz
- Ballett
- Step Dance
- Etc.

4.3.4 Tanzerfahrung der Kids?

Ich finde, dass die Kinder, die bei einem solchen Projekt mitmachen wollen, keine Tanzerfahrung haben müssen! Ich möchte solche Projekte als eine Art Chance für jedes Kind sehen.

Es gibt viele Kinder, ich selbst gehörte auch zu ihnen, die ihre schlummernden tänzerischen oder theatralischen Talente in ihrem „normalen" Schulalltag nicht zeigen können. Umso schöner ist es, wenn solche Kinder die Möglichkeit erhalten, innerhalb eines Tanztheaterprojekts in der Schule, im Verein, im Tanzstudio oder eines freien Trägers ihre Fähigkeiten zeigen zu können.

Vielen Kindern ist bis dahin gar nicht bewusst, was sie eigentlich an Fähigkeiten besitzen und das Erfolgserlebnis ist umso größer und bedeutender, wenn sie sie entdecken dürfen.

Also, mein Anliegen:

Solche Projekte für ALLE KINDER öffnen!

4.3.5 Alle unter einen Hut?

Wenn viele Kinder in einer großen Altersspanne, mit sehr unterschiedlichen tänzerischen Vorkenntnissen und Fähigkeiten, in einem Tanztheaterprojekt zusammenkommen, dann ist es eine Herausforderung, alle Kinder in dem Stück unter einen Hut zu bekommen.

Grundsätzlich ist dazu zu sagen, dass das Konzept, wie es hier beschrieben wird, dazu sehr gut geeignet ist, da es sehr offen gestaltet ist.

Es gilt, folgende Punkte zu beachten:

1) Keine Hauptrollen

Wenn dem Prinzip der „Gleichheit" innerhalb der Stückkonstruktion gefolgt wird, können alle Kinder gleichwertig und ihren Möglichkeiten entsprechend eingesetzt werden.

2) Fähigkeiten abfragen

Wenn zu Probenbeginn die einzelnen Fähigkeiten, Begabungen und Interessen der Kids abgefragt werden, kann sich jedes Kind mit seinen jeweiligen Stärken innerhalb des Stückes zeigen.

3) Wünsche abfragen

Wenn zu Probenbeginn die Wünsche und Vorstellungen der Kids für ihre Mitwirkung an dem Stück erfragt werden, kann jedes Kind seinem Können gemäß mitwirken.

- Willst du oft vorne stehen?
- Traust du dich, allein vorne zu stehen?
- Möchtest du Texte sprechen?
- Traust du dich, einen Dialog zu sprechen oder allein am Mikro zu sprechen?

4) Die Starken stehen vorne!

Das ist leider ein Prinzip, das immer wieder eingesetzt wird und man kann es sicherlich hinterfragen!

Aber es ist einfach oft wichtig, dass vorne diejenigen Kinder stehen, die Schritte und Abfolgen wirklich sicher beherrschen, damit die anderen von ihnen abgucken können und damit auch sicherer sein können!

Dies kann durchaus auch als Argument gegenüber den Kindern angeführt werden!

5) Einfache Aufgaben nach vorne!

Damit die technisch „Schwächeren", die aber durchaus auch gerne einmal vorne stehen möchten, auch zu ihrem Auftritt kommen, kann man ihnen einfachere Aufgaben geben.

- Eine Gruppe von „Anfängern" kann eine Solokombi tanzen, die vom Schrittwechsel sehr einfach gehalten ist.
- Eine Gruppe von „Anfängern" kann die Aufgabe bekommen, sich zu einem bestimmten Thema eine eigene Kombi auszudenken – so arbeiten sie automatisch in ihrem Niveau

6) Ehrgeiz und Motivation wecken!

Um den scheinbar „Schwächeren" den Einstieg zu erleichtern, sollten zum Probenbeginn eher einfache Schrittkombinationen gewählt werden.

Dann haben auch die Tanzanfänger das Gefühl, mithalten zu können.

Wenn von Beginn an sehr schwierige Choreografien trainiert werden, entsteht gleich zu Anfang eine Frustration, die sich im schlimmsten Fall bis zur Aufführung hin steigert.

- Mehrere „Anfänger" bekommen ein Solo zusammen, das z. B. mithilfe von Requisiten „aufgepolstert" wird und tänzerisch sehr einfach ist.
- Gleichzeitig sollten die „Fortgeschrittenen" eigene Aufgaben bekommen, mit denen sie ihr Können zeigen können – wie z. B. das Ausdenken eigener Choreografien in Gruppen ihrer Stärke oder Soli in diesen Gruppen.
- **Stichwort Binnendifferenzierung!**

Viel eher sollte die Motivation der „Anfänger" durch stetiges Lob und positive Verstärkung geweckt werden.

Durch positives Feedback und immer neue Herausforderungen, die gemeistert werden, kann ein Ehrgeiz entstehen, der das ganze Stück und vor allem die vermeintlich schwächeren Kinder nach vorne bringen kann.

Aufgepasst!

Zu Punkt 3) „Abfrage der Wünsche"

Hierbei sollte immer klargestellt werden, dass das Kind die Chance erhält, seinen Wünschen gemäß, eingesetzt zu werden, wenn aber die nötige Anstrengung, Motivation und Auseinandersetzung fehlt oder das Können doch nicht den Erwartungen entspricht, kann dieser Einsatz auch wieder verworfen werden. Dies hat dann meines Erachtens nichts mit „Ungerechtigkeit" zu tun, sondern mit dem Effekt für die Kinder, sich richtig einschätzen zu lernen.

Viele Kinder und Jugendliche überschätzen sich z. T. haushoch!

Durch die Suggestion der Medien, dass jeder singen, tanzen und schauspielern kann, glauben viele Kids, es ist ganz einfach, ein „Superstar" zu werden.

Umso wichtiger finde ich es, innerhalb eines solchen Projekts die Einsicht zu vermitteln, dass es harte Arbeit, Disziplin und Durchhaltevermögen kostet, all diese Künste zu beherrschen.

Wenn also die Kinder sich anfänglich wünschen, vorne auf der Bühne zu stehen und Einzelaufgaben zu bekommen, dann sollten sie auch was dafür tun und ihre Fähigkeiten sollten dementsprechend sein bzw. sich dahin gehend entwickeln!

Dies sollte von Anfang an eine Abmachung zwischen der Probenleitung und den mitwirkenden Kids sein, sodass kein Kind beleidigt oder enttäuscht sein kann, wenn sein Soloauftritt schlussendlich doch nicht stattfindet.

4.4 Requisiten

Das Nutzen von Requisiten kann den einzelnen Szenen zum einen mehr Spannung und Reiz verleihen und zum anderen stellen sie wunderbare Hilfsmittel dar, wenn aus einer Szene tänzerisch nicht viel rauszuholen ist.

Ich möchte im Folgenden ein paar einfache, aber effektive Beispiele für den Einsatz von Requisiten geben.

1) Spielkarten

Themen:

- Liebe/verliebt sein
- Unsicherheit/Ängste
- Zweifel/Sorgen

Zu diesen Themen können Spielkarten als Mittel zum Ausdruck passen.

Beispiele:

- „Liebt er mich oder liebt er mich nicht?"
- „Soll ich meine Gefühle offenbaren oder nicht?"
- „Ich habe Angst vor Zurückweisung – was soll ich tun?"
- „Bin ich schön?"
- „Wie will ich eigentlich sein?"
- „Mögen mich die anderen oder reden sie über mich?"
- „Wer sind meine Freunde? Habe ich wahre Freunde?"

Solche oder ähnliche Fragen können der Arbeit mit diesem Requisit zugrunde liegen.

Bilder:

1 Ein Mädchen steht am Mikrofon und spricht einen Text.
Der Text kann zusammenhängend beispielsweise zum Thema „erste Liebe" sein: „Liebt er mich oder nicht?", oder aber nur aus Fragen zu einem Thema bestehen.

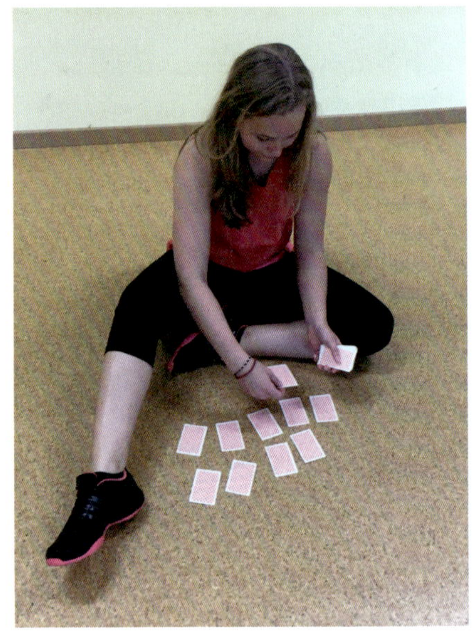

Auf der anderen Seite der Bühne, vorne am Bühnenrand, sitzt ein weiteres Mädchen, das Spielkarten vor sich in einer scheinbar bestimmten Reihenfolge auf den Boden legt.

Das Mädchen am Mikro hat seinen Text zu Ende gesprochen und geht ab. In diesem Moment setzt die Musik ein und das Mädchen mit Karten beginnt, z. B. um die Karten herumzutanzen oder in irgendeiner Form mit den Karten zu tanzen.

2 Aus dem Off der Bühne (von den Seiten der Bühne) werden bestimmte Wörter oder Fragen in einem Rhythmus gerufen. Die Wörter und Fragen beziehen sich auf ein Thema, z. B. auf die Frage nach Schönheit, Persönlichkeit und damit verbundener Unsicherheit.

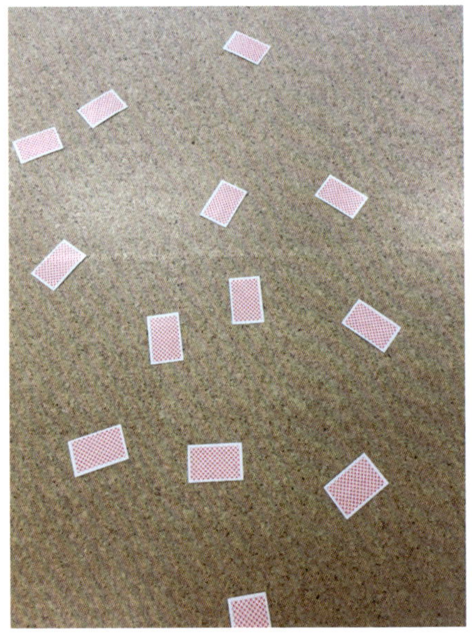

Zwei Kids bewegen sich in dem Rhythmus der Wörter über die Bühne und werfen dabei Spielkarten kreuz und quer auf den Bühnenboden. Die Karten ergeben in ihrer Asymmetrie ein Muster auf dem Boden.

Die Kids bewegen sich von der Bühne ab und die gerufenen Wörter verklingen, werden leiser und verstummen schließlich ganz. Die Karten bleiben auf der Bühne zurück.

Es setzt eine Musik ein und die Kids kommen als Ensemble auf die Bühne. Sie „betanzen" das Kartenmuster am Boden, in dem sie drüberspringen, drumherumlaufen, die Karten mit dem Fuß antippen etc.

Schließlich schieben die Tänzerinnen die Karten mit den Füßen durch ihren Tanz von der Bühne weg – sie fegen sie quasi tanzend von der Bühne ab.

3 Die Spielkarten werden von einem Kind wie eine Art Grenze in einer Reihe über die Bühne verteilt.

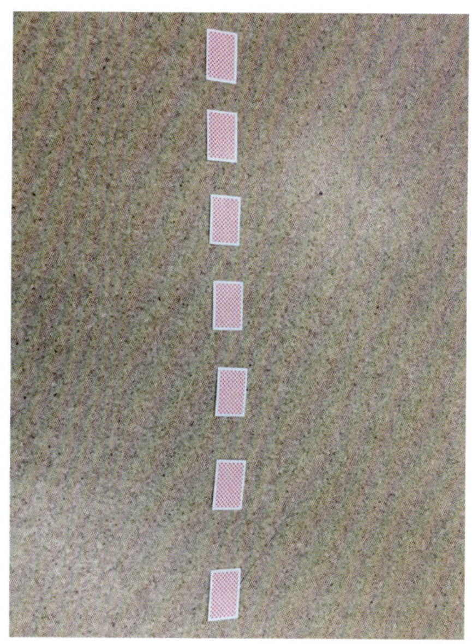

Diese imaginäre Grenze wird in den Tanz integriert. Dies kann z. B. durch zwei konkurrierende Gruppen geschehen, die diese Grenze nicht überschreiten dürfen.

Oder die „Kartengrenze" steht für ein „Spiel" von zwei Personen, die verliebt sind, es sich aber nicht eingestehen wollen.

2) Würfel

Themen:

- Spiel
- Ausgelassenheit
- Zufall entscheidet
- Übermut/Unvorsichtigkeit
- Gefahr

Beispiele:

- Für mich ist das Leben ein Spiel – ich nehme nichts und niemanden ernst.
- Alles ist Spiel und Party – ich mache mir keine Gedanken über die Zukunft.
- Ich lasse alles auf mich zukommen – ich plane nicht.
- Warum nicht alles ausprobieren – was soll schon passieren?
- Soll ich oder soll ich nicht? Ich würfle es aus!
- Was kann schiefgehen, wenn man gänzlich sorglos und planlos durchs Leben geht - wenn der Würfel, der Zufall, dein Leben entscheidet?

Bilder:

1 Ein Kind spricht am Mikrofon einen Text, z. B. zum Thema: „Für mich ist das Leben ein Spiel, ich lasse alles auf mich zukommen etc." Während der Text gesprochen wird, kommen die übrigen Tänzerinnen auf die Bühne.

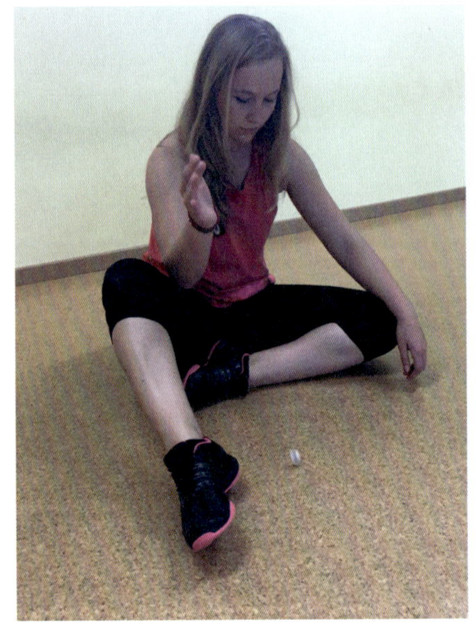

Jede von ihnen hat einen kleinen Spielwürfel in der Hand. Jedes Kind sucht sich einen Platz auf der Bühne und setzt sich dort auf den Fußboden.

Sie beginnen leise, mit ihren Würfeln auf dem Boden zu würfeln. Dadurch entsteht ein Geräusch, das zunächst noch ganz leise im Hintergrund bleibt. Mit dem Ende des Textes wird das Würfelgeräusch immer lauter. Mit steigender Lautstärke wird das Würfelgeräusch immer bedrohlicher.

Das Kind am Mikro geht von der Bühne ab. Die übrigen Kinder würfeln noch weiter. Bis schließlich eine Musik einsetzt, die das Würfelgeräusch übertönt.

Die Kinder hören mit der Musik auf zu würfeln, stecken ihre Würfel in die Hosentaschen und beginnen mit einer gemeinsamen Choreografie, die sich ebenfalls mit dem Thema beschäftigt.

2 Es gibt einen überdimensionalen Würfel, z. B. aus Schaumstoff.

Die Kinder tanzen zur Musik als Ensemble mit diesem Würfel, indem sie ihn sich gegenseitig in der Bewegung zuwerfen, über ihn wegspringen, jeweils abwechselnd mit dem Würfel tanzen etc.

Dabei könnte es um das Thema „Ich probiere alles aus!" gehen.

3 Der große Würfel entscheidet, welche Teilchoreografie getanzt werden soll. Dafür kann man für jede Zahl des Würfels 2-4 Achter festlegen.

Die Kids lassen den großen Würfel über die Bühne rollen und die Ziffer, die er dann anzeigt, wird zur Musik getanzt. Dies kann beispielsweise das Thema „Ich lasse den Zufall mein Leben entscheiden!" darstellen.

4 Der große Würfel liegt auf der Mitte der Bühne. Er wirkt dort bedrohlich, wie ein gefährlicher Koloss.

Die Tänzerinnen bewegen sich zu einer „gefährlichen" Musik um den Würfel herum. Sie können beispielsweise von ihm angezogen werden und versuchen, sich aber dagegen zu wehren.

Der Würfel als Bedrohung, als etwas Negatives, stellt hier die Gefahren dar, die drohen, wenn man völlig plan- und haltlos durchs Leben treibt.

4) Kleider/Accessoires

Themen:

- Schöner Schein
- Maske tragen im Alltag
- Wer bin ich wirklich und wer will ich sein?
- Dazugehören
- Kleider machen Leute

Beispiele:

- Ich möchte etwas darstellen.
- Mit Lederjacke bin ich „cool" und nicht „schüchtern".
- Ich wäre gern wie ...
- Wenn ich die Klamotte habe, dann mögen mich alle.
- Meine „Hülle" gibt mir Sicherheit.

Bilder:

1 Ein Kind steht am Mikrofon und spricht einen Text darüber, dass das Outfit mehr Sicherheit gibt und jemand anderen aus einem macht. Im Hintergrund der Bühne erscheinen einige Kids, die eine Jacke auf einem Kleiderbügel dabeihaben. Sie bleiben im Hintergrund der Bühne stehen, wie Schatten.

Der Text ist fertig gesprochen und das Kind geht von der Bühne ab. Gleichzeitig setzt eine Musik ein. Die Kids im Hintergrund beginnen, zu der Musik mit ihren Kleiderbügeln zu tanzen. Sie tanzen mit ihnen wie mit imaginären Partnern. Die Kleiderbügel scheinen ihnen, wie eine zweite Haut, mehr Sicherheit zu verleihen.

Die Kleiderbügel mit den Jacken darauf bieten sich an, da sie durch ihre Festigkeit tatsächlich wie ein „Tanzpartner" zu bewegen sind.

2 Die Kids stehen in einem Pulk hintereinander am hinteren Ende der Bühne.

Jedes Kind trägt ein Accessoire am Körper, wie z. B. eine Mütze, einen Schal, Handschuhe, eine Tasche usw.

Es müssen Kleidungsstücke sein, die einfach und schnell zu wechseln sind!

Eine Musik setzt ein und der Pulk beginnt, sich gleichmäßig nach vorne zu bewegen. Die Kids müssen dafür gleichmäßig große Schritte machen und sich im gleichen Rhythmus bewegen.

Während sich die Kids nach vorne bewegen, beginnen sie, ihre Kleidungsstücke bzw. Accessoires auszutauschen, sodass zum Schluss jedes Kind ein anderes Kleidungsstück trägt. Wenn die Kids vorne am Bühnenrand angekommen sind, bleiben sie stehen und die Musik endet. Hier können die Kids nun z. B. noch einen gemeinsamen Text sprechen o. Ä.

3 Die Kids kommen zu einer wilden Musik auf die Bühne getanzt und werfen mit unterschiedlichsten Kleidungsstücken um sich. Die Kleidungsstücke landen alle auf dem Bühnenboden und bedecken ihn. Nun können die Tänzerinnen beliebig mit diesem „Kleiderchaos" tanzen bzw. improvisieren.

Sie können sich z. B. einzelne Teile herausfischen und sich damit schmücken/verkleiden, was dann auch ihre Bewegungsart verändert. Oder sich gegenseitig Klamotten zuwerfen und mit diesen dann tänzerisch improvisieren.

Die Tänzerinnen können sich auch durch die Kleider am Boden bewegen – sich quasi durch den Kleiderhaufen schieben, drängeln, rollen etc.

5) Schal

Themen:

- Freundschaft
- Liebe
- Abhängigkeit
- Dominanz/Angst

Beispiele:

- Ich hänge an dir, weil wir Freunde sind.
- Ich möchte mich an dich binden (Liebe).
- Ich bin mit dir als Freund verbunden.
- Ich komme nicht von dir los, obwohl ich es will.
- Du bestimmst über mich und ich kann mich nicht wehren.
- Ich will weg von dir und kann es nicht.
- Ich kann/darf nicht über mich selbst entscheiden.

Bilder:

1. Ein Kind spricht am Mikrofon einen Text über Freundschaft/verliebt sein/Verbundenheit. Im Hintergrund treten zwei Kids auf, die beide das Ende eines Schals oder eines Tuches in den Händen halten und dadurch miteinander verbunden sind. Die beiden bewegen sich im Hintergrund mit dem Schal zwischen sich – sie improvisieren damit, während der Text vorne gesprochen wird.

2. Nach einem Text oder auch Dialog zum Thema Freundschaft/Liebe etc. setzt eine Musik ein und alle Tänzerinnen kommen in Zweierpaaren auf die Bühne.

   Alle Paare sind mit einem Schal/Tuch miteinander verbunden und tanzen damit jeweils Duette.

3 Nach einem Text zum Thema „Abhängigkeit" im negativen Sinne setzt eine Musik ein.

Die Musik sollte eher bedrohlich/melancholisch sein! Mit der Musik kommen zwei Kids auf die Bühne, die wieder durch einen Schal/Tuch miteinander verbunden sind.

Sie tanzen mit dem Schal ein Duett allein, das den Charakter eines Kampfs hat. Die beiden versuchen, sich von dem verbindenden Schal zu lösen und schaffen es nicht.

Sie „verwickeln" sich eher immer weiter ineinander. Schließlich verlassen sie, immer noch „aneinandergebunden", die Bühne.

Die tänzerische Szene kann natürlich auch mit einem „Erfolg" enden – die beiden konnten den Schal loswerden und sich voneinander befreien!

4 Nach einem Text zum Thema „Abhängigkeit"/„Ich kann nicht für mich selbst entscheiden" tritt ein Kind allein auf.

Dieses Kind kann in einen Schal oder ein Tuch „eingewickelt" sein und tanzt ein Solo allein auf der Bühne, in dem es versucht, sich von dieser „Einengung" zu befreien.

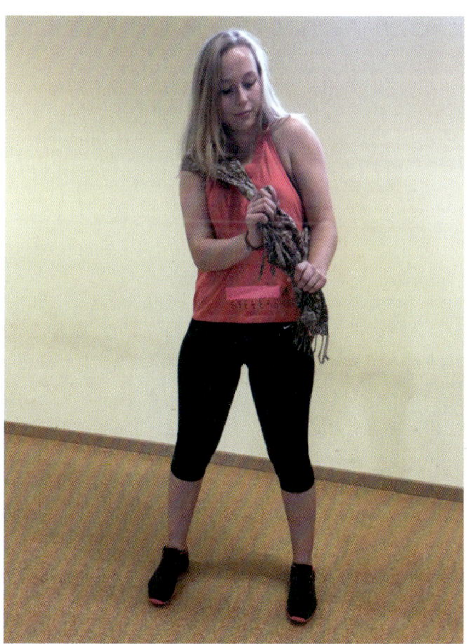

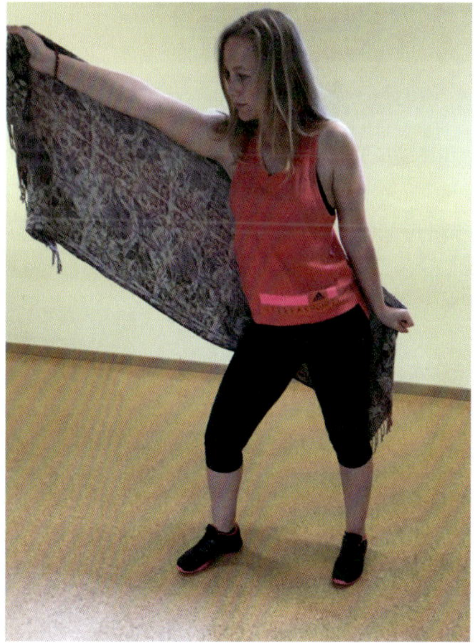

Bei dieser Szene kann es auch ein und dasselbe Kind sein:

Während es noch vorne spricht, kommt von hinten ein anderes Kind mit einem Tuch und wickelt dieses Tuch während des Textes langsam um das sprechende Kind.
Dann geht das Kind wieder ab und eine Musik setzt ein.

Das Kind am Mikrofon hat nun das Tuch um sich gewickelt und beginnt, zu der Musik das Solo zu tanzen!

4.5 Übungen aus dem Theatersport

Um die Kinder für die theatralische Arbeit an den Szenen und Texten vorzubereiten, gibt es eine Vielzahl an Übungen aus dem sogenannten *Theatersport*.

Diese Übungen dienen zum einen der körperlichen und geistigen Erwärmung und zum anderen sollen sie Hemmungen und Ängste abbauen. Durch die gezielten Übungen und/oder Spiele werden Körper und Geist dafür geöffnet, sich ein Stück weit gehen zu lassen und zuzulassen, was in der Probe passieren kann.

Die Kinder sollen durch Spaß und Spiel aufgelockert und „enthemmt" werden. Gleichzeitig dienen einzelne Übungen dazu, den Teamgeist zu fördern, das Vertrauen untereinander zu stärken und gleichzeitig die Elemente Sprechtechnik und Ausdruck zu schulen.

Im Folgenden möchte ich einige solcher Übungen in Ablauf und Anleitung vorstellen.

4.5.1 Körperteile führen

Ablauf

Eine Musik startet. Die Musik sollte anregend und fetzig sein! Die Kinder bewegen sich zu der Musik frei durch den Raum.

Die Kinder sollen dabei ausprobieren, wie sie sich zu der Musik bewegen können und was ihnen dazu einfällt.

Plötzlich wird ein Kommando reingerufen: „Die Nase führt uns!"

Nun sollen die Kinder ausprobieren, wie sich ihre Bewegung verändert, wenn ihre Nase den Gang anführt.

Dafür muss die Nase leicht nach vorne gestreckt werden und sie führt den Bewegungsablauf sowie die Richtungsweisung an.

Nun werden immer neue Kommandos reingerufen, wie: „Der Bauchnabel führt!"

„Der Po führt!"
„Der rechte Ellbogen führt!"
„Der linke Ellbogen führt!"
„Die rechte Schulter führt!"
„Der Hinterkopf führt!"
„Die linke Schulter führt!"
usw.

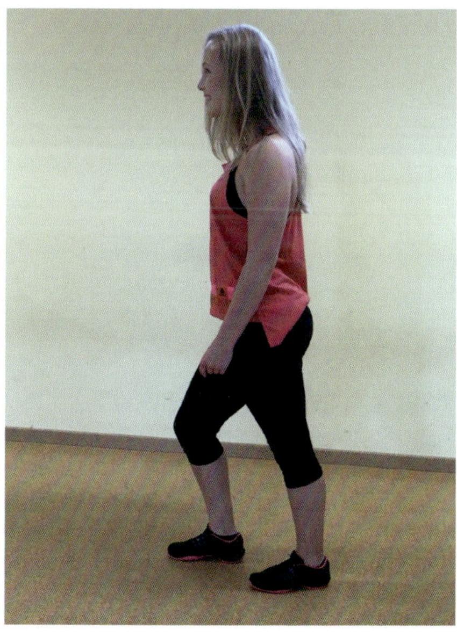

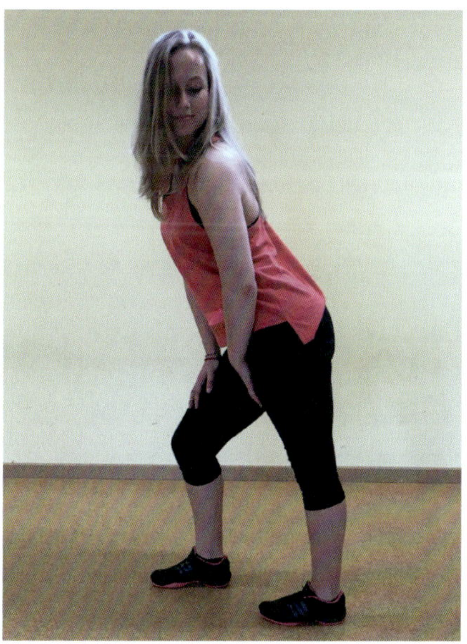

Die Kinder sollen spontan diese Kommandos ausführen und ändern damit automatisch ihre Bewegungsart, sowie die Bewegungsrichtung (vorwärts, rückwärts, seitwärts). Es können dabei auch einzelne Kommandos hintereinander wiederholt werden, wie z. B.:

„Die Nase führt!"
„Der Po führt!"
„Die Nase ...!"
„Der Po ...!" usw.
Dadurch entsteht ein immer gleicher Bewegungsablauf, wie in einem Loop.
Dies ist für die Kinder ein großer Spaß!

Anleitung

In der Erklärung sollte der ÜL nicht allzu viel vorwegnehmen. So ist der Überraschungseffekt für die Kinder größer und der gewünschte Effekt, Hemmungen abzubauen, gelingt eher. Es wird den Kindern nur erklärt, dass sie sich frei zu der Musik durch den Raum bewegen sollen.

Es wird ihnen noch mitgeteilt, dass irgendwann Kommandos reingerufen werden, die sie dann möglichst schnell umsetzen sollen. Nun startet die Musik. Die Kinder bewegen sich zur Musik.

Der ÜL ruft nach einiger Zeit das erste Kommando rein und fordert die Kinder auf, nicht lange nachzudenken, sondern das Kommando schnell umzusetzen.

Wichtig dabei ist, dass der ÜL am Anfang das Kommando selbst mit umsetzt!

Damit die Kids eine Idee davon bekommen, was genau gemeint ist.

Später kann er die Kinder dann die Kommandos allein umsetzen lassen.

Nun werden die einzelnen Kommandos gerufen, wobei es immer wieder neue Kommandos gibt und auch Wiederholungen. Der ÜL entscheidet, wann die Übung zu Ende ist, indem er die Musik ausblendet.

Effekte

- Die Kinder bewegen sich frei im Raum und können dabei selbst kreativ werden.
- Eine ganzkörperliche Erwärmung findet statt.
- Die Koordination von einzelnen Körperteilen wird gefördert.
- Die Isolation von einzelnen Körperteilen (werden isoliert voneinander bewegt) wird geschult.
- Ablenkung von der eigenen Außenwirkung – d. h., die Kinder sollen vergessen, wie sie bei dieser Übung aussehen, damit sie den eigenen Fokus weg von sich und ihrem Äußeren, hin zu ihrem Inneren, lenken.

4.5.2 Körperteile begrüßen

Ablauf

Der Rahmen der Aufgabe ist im Grunde der vorausgegangenen Übung sehr ähnlich. Die Kinder sollen sich zunächst frei zur Musik durch den Raum bewegen.

Plötzlich werden nun Begrüßungen von Körperteilen hineingerufen, wie z. B.:

„Ellbogen an Schulter!"
„Hüfte an Hüfte!"
„Knie an Hüfte!"
„Knie an Knie!"
„Fuß an Fuß!"
„Schulter an Schulter!"
usw.

Die Kinder sollen nun möglichst schnell mit denen am nächsten stehenden Mitstreitern diese Begrüßungen ausführen.

Dies kann dann zu zweit geschehen oder auch im größeren Pulk, so, wie es gerade in dem Moment passt und sich anbietet. Zwischen den Begrüßungen gehen die Kinder wieder zur Musik durch den Raum.

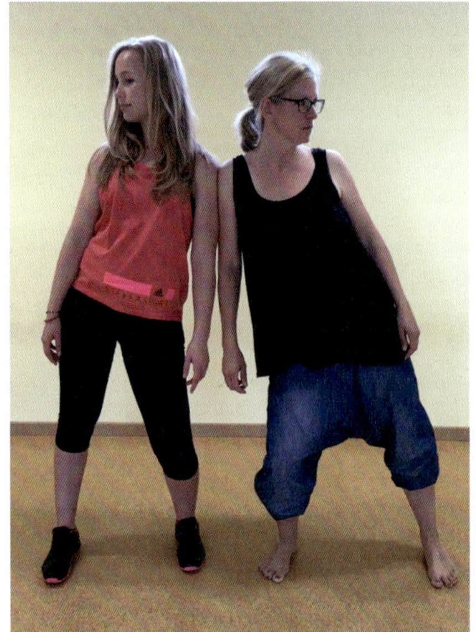

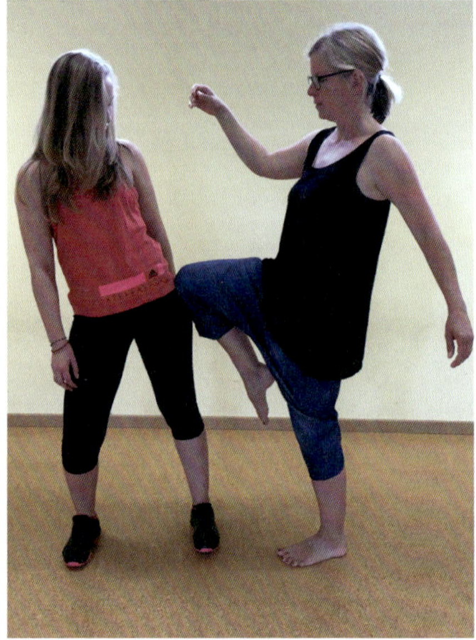

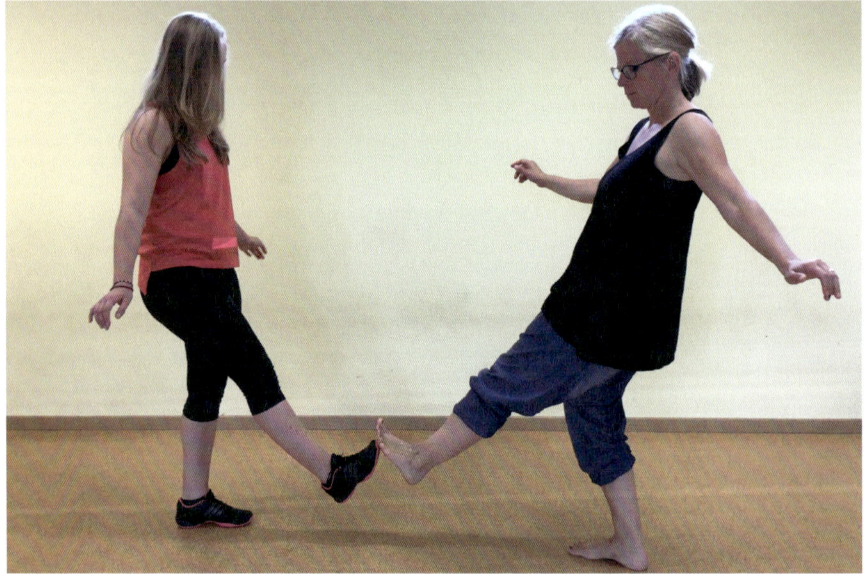

Anleitung

Die Kinder sollen wieder möglichst wenig im Voraus von der Übung erfahren. Die Musik wird gestartet und die Kinder beginnen, sich durch den Raum zu bewegen.

Plötzlich ruft der ÜL die erste Begrüßung der Körperteile in den Raum und fordert die Kinder auf, die Begrüßung möglichst schnell, ohne nachzudenken, durchzuführen. Wenn alle sich in Gruppen zu der Begrüßung zusammengefunden haben, löst der ÜL die Begrüßung wieder auf, indem er ruft:

„Prima! Alle haben es geschafft! Sehr gut – und jetzt gehen alle wieder weiter zur Musik!" Die Kinder lösen sich wieder voneinander und bewegen sich erneut frei durch den Raum. Dann wird die nächste Begrüßung gerufen, die ebenso schnell umgesetzt werden soll.

In diesem Schema werden verschiedene Begrüßungsformen reingerufen und mit freier Bewegung abgewechselt. Der ÜL entscheidet, wann die Übung beendet werden soll, indem er die Musik leiser werden lässt.

Effekte

- Förderung der eigenen Kreativität durch freie Bewegung im Raum,
- Schulung von Musikverständnis,
- Förderung der Koordination,
- Förderung der Gruppendynamik,
- Stärkung des Gruppengefühls und des Vertrauens,
- Sensibilisierung der Gruppe.

4.5.3 Rennen und Stehen

Ablauf

Die Kinder stellen sich an einem Raum Ende in einer Reihe nebeneinander auf. Es wird eine Reihenfolge festgelegt. Der ÜL setzt sich am anderen Raumende auf einen Stuhl.

Auf ein Zeichen sollen die Kinder, wenn sie an der Reihe sind, so schnell sie können, auf den ÜL zulaufen, direkt vor ihm abrupt stoppen und zum Stehen kommen. Hier sollen sie einfach vor dem ÜL stehen bleiben, ohne jegliche Aktion oder eine Bewegung zu machen und den ÜL fixieren. Diese Position soll so lange beibehalten werden, bis der ÜL in die Hände klatscht und sie auflöst.

Mit dem Klatschen kann das erste Kind zur Seite weggehen und das nächste Kind rennt los. Dies wird nacheinander weiter wiederholt, bis alle Kinder einmal an der Reihe waren.

Anleitung

Den Kindern wird erläutert, was sie gleich tun sollen. Wichtig ist dabei, den Kindern zu erklären, dass sie so schnell laufen sollen, wie sie können und genauso schnell zum Stehen kommen sollen. Es wird die Reihenfolge, in der die Kinder loslaufen sollen, festgelegt.

Der ÜL setzt sich gegenüber, am anderen Ende des Raumes, auf einen Stuhl. Der ÜL gibt das Startsignal für das erste Kind, das losrennen soll. Das erste Kind läuft los und kommt direkt vor dem ÜL zum Stehen. In diesem Moment sollte absolute Stille im Raum herrschen.

Das Kind soll nur stehen, ohne sich zu bewegen und versuchen, dem ÜL direkt in die Augen zu sehen – es soll versuchen, diesem Blick standzuhalten. Diese Position soll so lange durchgehalten werden, bis der ÜL die Situation durch einmaliges Klatschen in die Hände beendet. Dies ist gleichzeitig das Signal für das nächste Kind, loszulaufen.

Dieser Ablauf wird immer wieder durchgeführt, bis alle Kinder an der Reihe waren.

Effekte

- Schnelle Reaktionen üben.
- Abrupte Bewegungsänderungen üben.
- Stille und „Freeze" (Einfrieren/Bewegungslosigkeit) aushalten.
- Blick standhalten/Förderung der Konzentrationsfähigkeit.

- Stärkung des Selbstbewusstseins.
- Förderung von Bühnenpräsenz.
- Schulung der Körperspannung.

4.5.4 Wer geht, wer steht?

Ablauf

Die Kinder stehen wieder an einem Ende des Raumes in einer Reihe nebeneinander.

Aufgabe

Die Kinder sollen ohne eine Ansage oder ein Kommando jeder für sich selbst entscheiden, ob sie nach vorne losgehen oder stehen bleiben. Sie sollen dabei nicht laufen, sondern langsam nach vorne gehen. Wenn ein Kind losgeht, sollen die anderen Kinder stehen bleiben.

Das Kind bleibt irgendwann einfach stehen – diesen Moment wählt das Kind selbst. Wenn es stehen bleibt, müssen die anderen wieder für sich entscheiden, ob sie als Nächstes losgehen sollen.

Die ganze Übung verläuft ohne jegliche Sprache, gegenseitige Verständigung oder Kommandos von außen.

Die Kinder sollen lediglich sensibel aufeinander achten und durch Intuition entscheiden, wer als Nächstes losgeht. Wenn zufällig zwei Kinder genau zum gleichen Zeitpunkt losgehen, wird eines der beiden Kinder automatisch entscheiden, stehen zu bleiben und dem anderen Kind den Vortritt zu lassen.

Aufgepasst!

Es ist kaum zu glauben oder sich vorzustellen, dass dieses Prinzip ohne Ansage und Kommunikation funktioniert.

Ich kann aber sagen, dass es in all meinen Projekten funktioniert hat!

Die Kinder entwickeln unglaublich schnell diese innere Intuition, zu wissen, wann der richtige Moment da ist.

Gleichzeitig zeigt sich automatisch sehr viel von den einzelnen Individuen und ihren Charakteren – sind sie eher defensiv oder offensiv?

Der ÜL entscheidet, wie lange dieser Prozess weiterläuft. Die Übung wird durch ein Klatschen beendet.

Anleitung

Den Kindern wird erklärt, was sie gleich zu tun haben.

Dies wird im ersten Moment schwierig sein, den Kindern wirklich verständlich zu machen!

Innerhalb des praktischen Durchlaufs wird es zunehmend klarer für die Kinder.

Die Kinder stellen sich in einer Reihe nebeneinander auf. Es ist absolut still im Raum. Es werden vom ÜL keinerlei Signale oder Kommandos gegeben.

Jedes Kind entscheidet nun für sich, ob es sich nach vorne bewegen soll oder lieber stehen bleibt. Irgendwann wird ein Kind losgehen. Das Kind soll selbst entscheiden, wann es stehen bleibt.

Hierbei kann der ÜL einmal auch ein Signal zum Stehenbleiben geben!

Ist das erste Kind stehen geblieben, müssen die übrigen Kinder in der Reihe wieder für sich entscheiden, ob und wann sie losgehen. Nach einiger Zeit entwickeln die Kinder ein Gefühl für diese Übung und es findet sich immer ein Kind, das sich plötzlich nach vorne bewegt.

Die ganze Übung verläuft komplett ohne Sprache!

Beim ersten Durchlauf der Übung können allerdings durchaus vom ÜL Hilfestellungen in Form kleiner Kommandos oder Sprachsignale gegeben werden!

Die Übung wird durch ein Klatschen des ÜL beendet.

Effekte

- Sensibilisierung füreinander,
- Wahrnehmungsförderung,
- Stärkung der inneren Intuition,
- Aushalten von absoluter Stille,
- Wahrnehmung der eigenen Persönlichkeit – wie bin ich eigentlich, eher defensiv oder eher offensiv?

Aufgepasst!

Diese Lernaspekte werden innerhalb der Probenarbeit z. B. dann wichtig, wenn es daran geht, sich als Gruppe synchron, gleichmäßig und ohne Sprache durch den Raum zu bewegen.

Im Hinblick auf die spätere Darstellung von Gefühlszuständen und Emotionen ist die Stärkung der inneren Intuition sowie der eigenen Wahrnehmungsfähigkeit ebenfalls von großer Wichtigkeit!

4.5.5 Einer führt

Ablauf

Die Idee der Übung ähnelt der Bewegungsschlange aus dem kreativen Kindertanz.

Immer eine Person aus der Gruppe löst sich von den anderen und gibt die Bewegungsabläufe vor. Die anderen sollen die Bewegungen dann genau kopieren und nachmachen.

Die Übung wird zu Musik durchgeführt. Die Person, die die Bewegungen vorgibt, soll die Gruppe damit auch durch den Raum führen.

Die Rolle der vorgebenden Person soll immer wieder gewechselt werden.

Dabei gibt es zwei Varianten:

1. Der Wechsel der vormachenden Person wird durch ein Klatschen des ÜL angezeigt.
2. Die Kinder sollen selbstständig entscheiden, wann der Wechsel stattfinden soll. Das entscheidet das Kind, das gerade vorgibt, dass es aufhört und gesellt sich wieder in die Gruppe.

Die anderen Kinder müssen nun, ähnlich wie bei der Reihe (s. o.), selbst entscheiden, wer als Nächstes nach vorne geht und vormacht.

Hat ein Kind sich entschieden, nach vorne zu gehen, löst es sich aus der Gruppe und beginnt, Bewegungen vorzumachen.

Die anderen Kinder, auch wenn sie auch gerade nach vorne gehen wollten, müssen sich dann wieder zurückziehen und beim nächsten Wechsel versuchen, nach vorne zu gehen. Die anderen Kinder müssen wachsam dafür sein, was das „neue" Kind vorne vormacht!

Bei der Übung sollen möglichst alle Kinder einmal an die Reihe kommen, vorne die Bewegungen vorzugeben.

Wenn ein Kind allerdings partout nicht möchte, so sollte es nicht dazu gezwungen werden!

Anleitung

Bei dieser Übung sollte der ÜL sich weitestgehend heraushalten! Die Übung wird den Kindern zunächst erklärt.

Sollten anfänglich Verständnisschwierigkeiten auftreten, so kann der ÜL beim ersten Durchlauf die Rolle des „Vormachers" einmalig übernehmen. So wird den Kids ein Beispiel gezeigt, wie es funktioniert. Im Anschluss sollte ein Kind dann diese Rolle übernehmen.

Der ÜL startet die Musik und hält sich nun aus der Anleitung heraus. Lediglich, wenn der Wechsel durch ein Klatschen angezeigt werden soll, tritt er in Erscheinung!

Die Kinder sollen diese Übung weitestgehend selbstständig organisieren und durchführen!

Effekte

- Selbstständiges Arbeiten,
- Stärkung des Selbstbewusstseins,
- Förderung der Eigenständigkeit, sowie Vertrauen zur eigenen Person,
- Förderung der Kreativität,
- Minderung von Hemmungen/Ängsten,
- Sensibilisierung der Gruppe,
- Förderung der Wahrnehmung untereinander/füreinander.

4.5.6 Worte werfen

Ablauf

Die Kinder sollen zur Musik durch den Raum gehen.

Sie können dabei entweder selbst entscheiden, wie sie sich bewegen oder sie bekommen vom ÜL Bewegungsarten vorgegeben (z. B. hüpfend, drehend, auf Zehenspitzen o. Ä.).

Jedes Kind soll für sich ein Wort überlegen und sich merken. Wenn die Musik stoppt, sollen die Kinder abrupt stehen bleiben und ihr Wort z. B. in eine der Raumecken „werfen".

Dies tun sie, indem sie das Wort laut rufen und dazu eine imaginäre Wurfbewegung mit dem Arm bzw. mit dem ganzen Körper durchführen. Bewegung und Ruf sollen zusammen kraftvoll und dynamisch durchgeführt werden.

Anschließend startet die Musik erneut und die Kinder bewegen sich weiter durch den Raum. Dieser Ablauf wird mehrmalig wiederholt, entweder immer mit dem gleichen Wort oder die Kinder sollen sich immer wieder ein neues Wort überlegen!

Anleitung

Den Kindern wird die Übung zunächst erklärt.

Hier treten zuerst oft Hemmungen und Verständnisschwierigkeiten bei den Kindern auf!

Um diesen Problematiken entgegenzuwirken, kann der ÜL die Übung einmal selbst vormachen, indem auch er ein „Wort in die Ecken wirft"!

Es kann losgehen, wenn die Kids den Ablauf verstanden haben und sich ein Wort überlegt haben.

Der ÜL startet die Musik und die Kinder beginnen, sich durch den Raum zu bewegen.

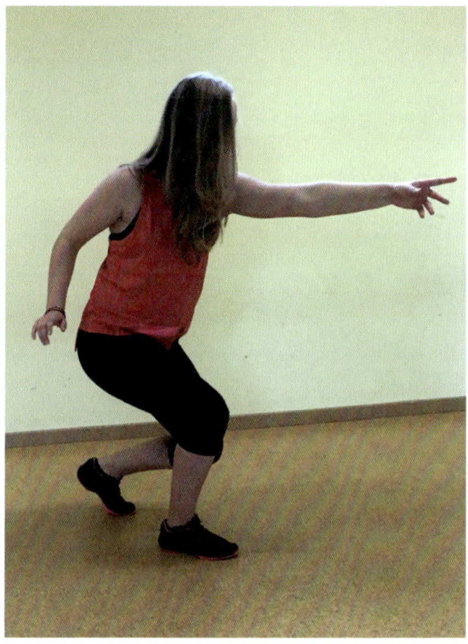
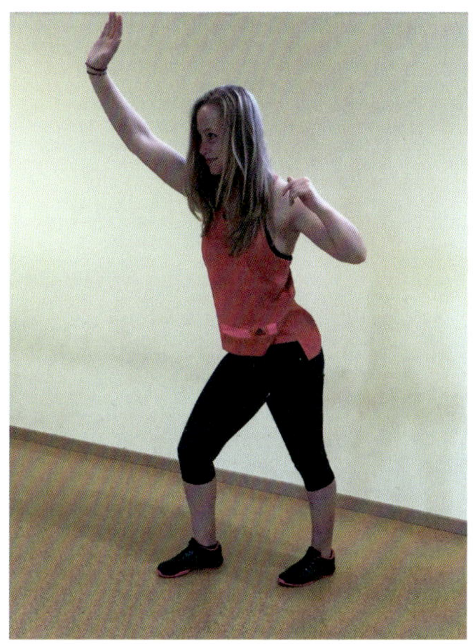

Der ÜL stoppt irgendwann die Musik und ruft beim ersten Mal: „Worte werfen!"

Die Kids bleiben stehen und rufen das Wort mit einer dynamischen Wurfbewegung in die Ecken des Raums. Anschließend beginnt die Musik erneut und die Kinder bewegen sich weiter durch den Raum.

Beim ersten Durchlauf kann/sollte der ÜL die Übung einmal komplett mitmachen, um den Kindern eventuelle Hemmungen zu nehmen!

Effekte

- Förderung von deutlicher Sprache,
- Förderung von lauter Sprache,
- Abbau von Hemmungen in Bezug auf Sprache,
- Förderung von selbstbewusstem Umgang mit Sprache und Stimme,
- Schulung von Körperspannung und Körperhaltung.

Wichtig!

Solche Übungen sind ungemein wichtig für den theatralischen Umgang mit Sprache!

Die Sprache in Kombination mit Körperbewegung wird, durch die Dynamik der Bewegung, ebenfalls sehr viel dynamischer und kraftvoller.

Kinder und Jugendliche haben oftmals Hemmungen, laut zu sprechen und aus sich herauszugehen.

Durch die Verbindung von kraftvoller Bewegung und Sprache wird die Sprache bzw. die Stimme automatisch kraftvoller und die Hemmung, laut zu sprechen, minimiert.

Dies ist ein Phänomen, das eigentlich immer greift und spannend zu beobachten ist!

Wenn diese Übung in unterschiedlicher Variation mehrfach durchgeführt wurde und die Bewegung irgendwann weggelassen wird, so ist die sprachliche Fähigkeit der meisten Kinder deutlich verbessert worden!

Diese Übung kann in unterschiedlichen Varianten durchgeführt werden:

- ein Wort werfen,
- mehrere Worte werfen,
- Sätze werfen,
- Töne/Buchstaben werfen.

4.5.7 Sätze laut und leise

Ablauf

Jedes Kind überlegt sich entweder einen Satz für sich oder bekommt einen vom ÜL vorgegeben. Die Kinder bewegen sich wieder zur Musik frei durch den Raum.

Wenn die Musik stoppt, sollen die Kinder abrupt stehen bleiben und ihren Satz auf eine vorher vorgegebene Art sprechen:

- flüstern,
- laut schreien,
- normal sagen,
- wütend sagen,
- traurig sagen,
- fröhlich, lachend sagen.

Anschließend geht die Musik weiter und die Kinder bewegen sich wieder durch den Raum. Dieser Ablauf wird mehrmalig immer mit dem gleichen Satz wiederholt. Nur die Art, wie der Satz gesprochen werden soll, wird immer wieder neu vorgegeben.

Anleitung

Die Übung wird den Kindern zunächst erklärt. Hierbei ist es wichtig, mit den Kindern anfänglich gemeinsam zu überlegen, wie sich ein Satz anhört, wenn er wütend, fröhlich, traurig etc. gesprochen wird. Dies kann gemeinsam anhand eines Satzbeispiels durchgegangen werden.

Der ÜL hält die Kinder an, sich einen Satz für sich zu überlegen. Der ÜL gibt für den Durchlauf die Art vor, wie der Satz beim Stopp gleich gesprochen werden soll.

Dann wird die Musik gestartet. Der ÜL stoppt die Musik. Die Kinder bleiben stehen und sprechen ihren Satz in der vorher angesagten Art. Dann beginnt die Musik erneut und die Kinder bewegen sich weiter durch den Raum.

Wichtig!

Diese Übung kann auch in direkter Kommunikation durchgeführt werden!

Wenn die Musik stoppt, soll schnell ein Partner/Gegenüber gesucht werden, dem der Satz dann direkt gesagt wird.

Auch hier können emotionale Vorgaben, für die Art, den Satz zu sprechen, gegeben werden.

Effekte

- Förderung von deutlicher Sprache,
- Verbesserung des Umgang mit Sprache,
- Förderung des Bewusstseins für emotionale Sprache,
- Stärkung des Selbstbewusstseins,
- Förderung der Kreativität.

Wichtig!

Diese Übung ist sehr wichtig für den späteren emotionalen Umgang mit Sprache innerhalb des Stückes!

Z. B. innerhalb von Dialogen sollten die Kinder diesen Umgang mit Sprache, zumindest im Ansatz, beherrschen.

Wie spreche ich, wenn ich wütend, traurig oder glücklich bin?

Im Alltag benutzen die Kinder Sprache ohne eine bewusste Wahrnehmung für emotionale Aspekte.

Für den theatralischen Umgang mit Sprache ist es von Vorteil, ein Bewusstsein dafür bei den Kindern zu schaffen!

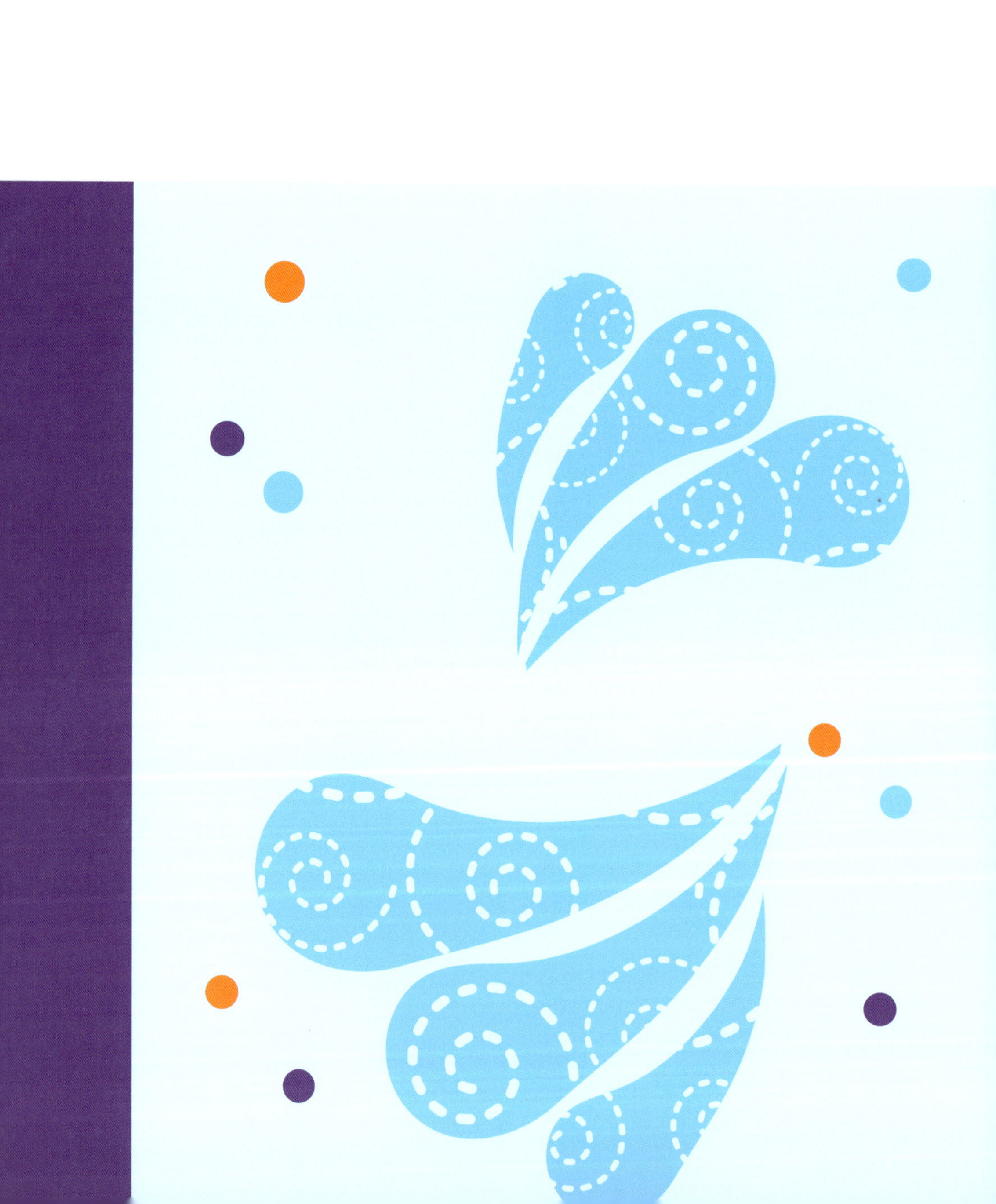

KAPITEL 5

1 Wir tanzen ein Bilderbuch

2 Tanzgeschichten mit Kindern ab vier Jahren

3 Tanztheater mit Kindern ab 11 Jahren

4 Tanz und Theater

5 „Paulchen, Wicki und Co."

5 „PAULCHEN, WICKI UND CO."

5.1 Kinderserien und Kinderfilme

Wie in allen vorangegangenen Kapiteln bereits gezeigt, ist es immer von Vorteil, für eine Aufführung ein Oberthema zu finden. Ein Oberthema schafft einen Rahmen, der die Planung einer Aufführung vereinfacht.

Dies bietet sich beispielsweise an, wenn man mehrere Tanzgruppen verschiedener Altersgruppen unterrichtet, die man innerhalb einer Aufführung gemeinsam auftreten lassen möchte. Wenn alle Gruppen zu einem Thema etwas erarbeiten, ist die Vorbereitung und Entwicklung der einzelnen Choreografien und Anteile einfacher.

So ein Oberthema können z. B. Kinderfilme und Kinderserien sein!

Dabei sind nicht nur die aktuellen Serien, die Kinder heute alle kennen, gemeint, sondern auch die alten „Klassiker", die den meisten Eltern noch bekannt sind und deren Lieder und Melodien echte Evergreens sind.

Die Titelmelodien und Titelsongs sind weitestgehend in deutscher Sprache geschrieben und daher sehr gut mit Kindern umsetzbar, da sie die Inhalte verstehen und die Tanzschritte, darauf bezogen, gestaltet werden können.

Mit diesem Genre umgeht man gleichzeitig die gängigen deutschsprachigen Tanzmusiken für Kinder à la Volker Rosin und Co.!

Bei diesem Thema lassen sich viele, schöne Möglichkeiten finden, die inspirierend sind und allen Seiten, Anleitern, Tänzern und Publikum, gleichermaßen Spaß bringen.

Im Folgenden möchte ich Ihnen einige Beispiele von Kinderfilmen und Kinderserien und deren Musik geben, sowie praktische Möglichkeiten, diese innerhalb einer Aufführung zu platzieren.

5.1.1 „Klassiker"

1) Paulchen Panther

6-8 Jahre

Der rosarote Panther wird vielen Kindern heute nicht mehr bekannt sein, dafür aber vielen Eltern.

Die Titelmusik der damaligen Serie geht ins Ohr. Der Text ist lustig und fesselt die Kinder. Die textlichen Inhalte lassen sich gut in tänzerische Bewegung umsetzen (siehe Kap. 5.2).

2) Tom und Jerry

6-8 Jahre /8-10 Jahre

Auch diese beiden Kerle werden vielen Kindern nicht mehr bekannt sein.

Die Titelmusik „Vielen Dank für die Blumen", gesungen von Udo Jürgens, ist jazzig und mitreißend.

Vom Text her lässt sich dieser Song auch von zwei Gruppen als eine Art Dialog umsetzen.

Beispiel:

Zwei Gruppen stehen sich jeweils im Pulk gegenüber:

- Die beiden Gruppen können aus einer Tanzgruppe sein oder sich aus zwei unterschiedlichen Tanzgruppen zusammenfinden.

Gruppe 1: „Vielen Dank für die Blumen (...)" Bewegungsfolge
Gruppe 2: „Vielen Dank, wie lieb von dir (...)" Bewegungsfolge

Gruppe 1: „Ander'n etwas schenken, wenn es auch keiner sieht (...)" Bewegungsfolge
Gruppe 2: „Das ist eine Blume, die nur sehr selten blüht (...)" Bewegungsfolge

usw.

Bei dieser Umsetzung wurde nicht auf Zählzeiten, sondern auf den Text des Liedes getanzt.

3) Speady Gonzales (die schnellste Maus von Mexiko)

4-6 Jahre / 6-8 Jahre

Der Titelsong dieser Serie ist sehr temporeich und daher auch nicht ganz einfach exakt mit den Kindern umzusetzen. Hier bieten sich sehr einfache Bewegungsfolgen an, die wenig Schrittmaterial beinhalten, aber dafür auf Ausdruck und Darstellung abzielen.

Außerdem beinhaltet dieser Song sehr viele Wiederholungen, die sich einfach gestalten lassen. Durch diese Faktoren lässt sich der Song gut mit kleineren Kindern umsetzen, die z. B. einfach als kleine, schnelle Mäuse über die Bühne flitzen können.

4) Bugs Bunny (Mein Name ist Hase!)

4-10 Jahre

Bei dieser Serie gab es immer eine Art Intro und ein Outro, jeweils wenn die Show von Bugs Bunny begann oder zu Ende war.

Beginn:

„Die große, bunte Bunny-Show"

Dieses Intro lässt sich wunderbar als Beginn für die Aufführung gestalten. Dabei können gut alle Gruppen gemeinsam auf der Bühne stehen und das Publikum begrüßen! Hierbei geht es ebenfalls wieder um den darstellenden Effekt und weniger um die tänzerische Vielfalt der Schritte.

Ende:

„Das Publikum war heute wieder wundervoll (...)"

Auch hier können alle Gruppen zum Ende der Aufführung noch einmal gemeinsam auf die Bühne kommen, um das Publikum zu verabschieden.

5) „Löwenzahn" (Instrumental)

4-6 Jahre

Die Titelmusik der Serie „Löwenzahn" ist auch heute noch vielen Kindern bekannt, da die Serie mit neuer Besetzung immer noch im Fernsehen läuft und auch die Musik noch die Gleiche ist.

Der Song ist, anders als bei den vorherigen Songs, ohne Text. Daher lässt er sich gut mit der Altersgruppe der 4-6-Jährigen umsetzen, für die Instrumentalmusik noch viele kreative Bilder freisetzt.

Bei diesem Lied kann gut das Bild der Löwenzahnblume, die sich durch den Asphalt hindurchquetscht und mitten auf einer Straße wächst, genutzt werden.

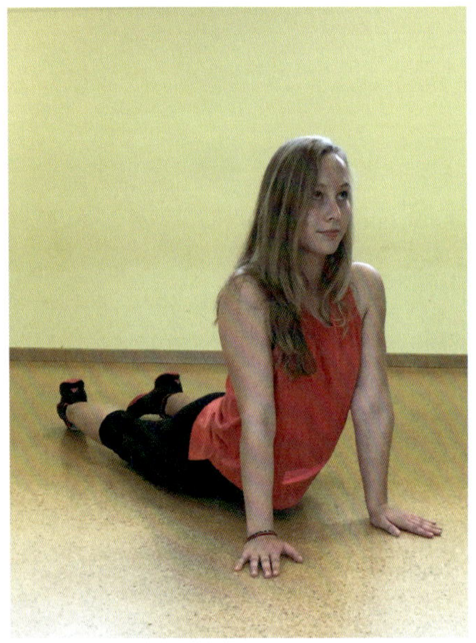

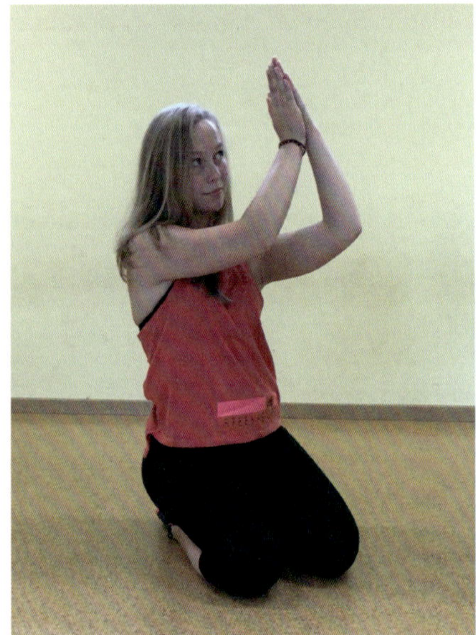

Wichtig!

Als Musiktipp für solche „Klassiker" empfehle ich Ihnen die CD „TV Friends Forever".

Auf dieser CD finden Sie fast alle alten Titelmusiken zu bekannten Kinderserien und Kinderfilmen!

5.1.2 Zwischen „alt" und „neu"

Hier sind die Titelsongs von Serien gemeint, die noch von alten Produktionen herrühren und auch heute noch, in neuer Aufmachung, im Fernsehen als Titelmusiken zu den neuen Folgen zu hören sind.

1) „Wicki"

6-8 Jahre

Der Titelsong der Serie „Wicki" ist wohl einer der bekanntesten. Da die Sendung wieder in einer Neuauflage im Fernsehen läuft, kennen das Lied auch heute viele Kinder.

Das Lied ist fetzig und mitreißend und lässt sich gut tänzerisch umsetzen. Da das Tempo des Liedes recht schnell ist, eignet es sich eher für Grundschulkinder oder den Übergang 5-7 Jahre.

2) „Biene Maja"

4-6 Jahre

Auch der Titelsong von „Biene Maja" ist sehr bekannt und sogar unter Schlagerfans hoch im Kurs.

In der Neuauflage der Sendung wird der Titelsong daher wahrscheinlich auch von Helene Fischer gesungen! Merkwürdigerweise kommt der Song bei den Grundschülern nicht mehr besonders gut an – im Gegensatz zu „Wicki"!

Im Alter ab sechs Jahren wird er eher als „uncool" empfunden und sollte hier eher nicht genutzt werden. Lediglich als eine Art „Gag" für eine Aufführung kann dieser Song in der Altersgruppe umgesetzt werden.

Bei den kleinen Kindern zwischen vier und sechs Jahren kommt der Song aber immer wieder sehr gut an! Das mag auch daran liegen, dass die Kinder das Lied mitsingen können und es leicht verständlich ist.

5.1.3 „Aktuelles"

1) Bibi-Blocksberg-Lied

4-6 Jahre

Dieses Lied ist zwar nicht wirklich neu, da es schon zu meiner Kinderzeit auf Kassette zu hören war, wurde aber neu aufgelegt und erlebte im Zuge der neuen Filme „Bibi und Tina" eine Renaissance.

In der Altersgruppe der 4-6-Jährigen kommt das Lied sehr gut an. Es hat einen mitreißenden und leicht umsetzbaren musikalischen Charakter. Da es recht kurz ist, eignet es sich ebenfalls gut für diese Altersgruppe, da es im Umfang nicht überfordert.

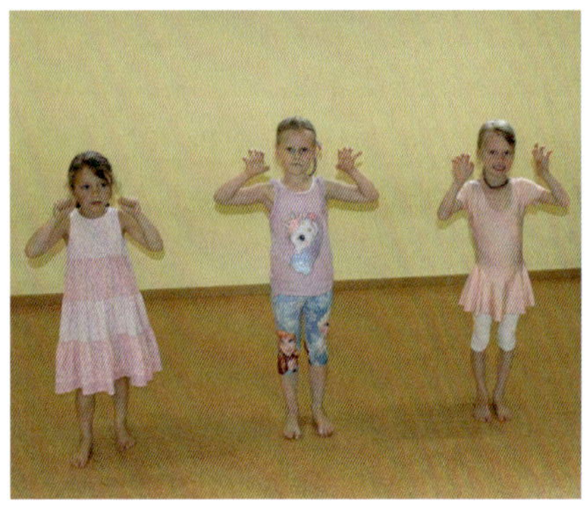

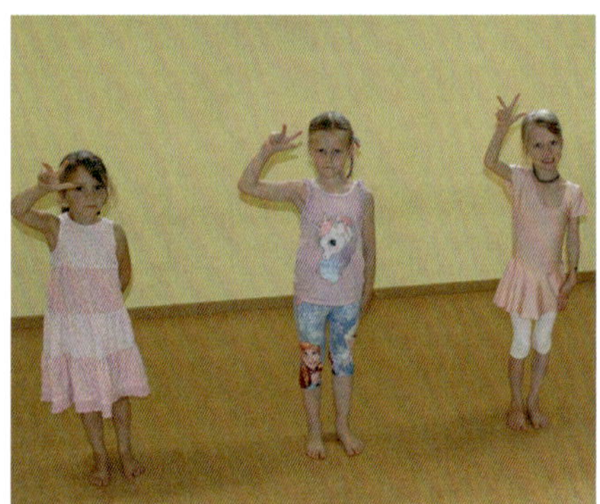

2) Felix – ein Hase auf Weltreise

Lied „Wir magischen Elfen", gesungen von Vicky Leandros

4-6 Jahre

Zu der Serie bzw. dem Hörspiel *Felix – ein Hase auf Weltreise* hat die Sängerin Vicky Leandros drei Songs aufgenommen.

Der hier vorgestellte Song ist sehr kurz und von seinem musikalischen Charakter her spannend und ein bisschen unheimlich, was den tänzerischen Reiz ausmacht. Bei den kleinen Kindern kommt es ja ohnehin noch nicht auf das tänzerische Niveau der Schrittkombinationen an, sondern eher auf Ausdruck und Verständnis.

Die Bewegungsabläufe zu diesem Lied sollten einfach gehalten sein (wie z. B. Schleichen, Schweben, Fliegen, auf Zehenspitzen gehen etc.) und mit Wiederholungen versehen sein.

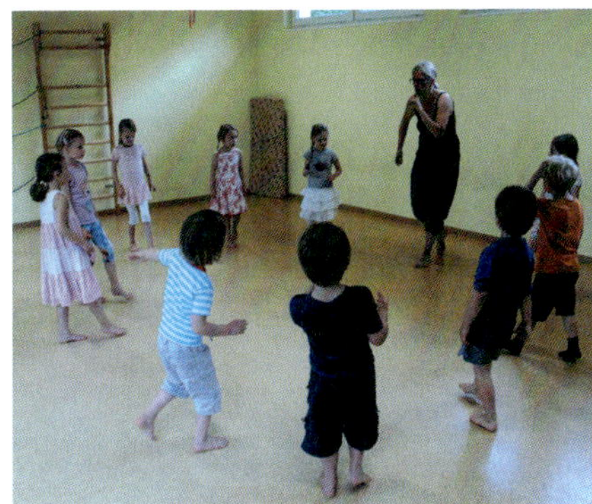
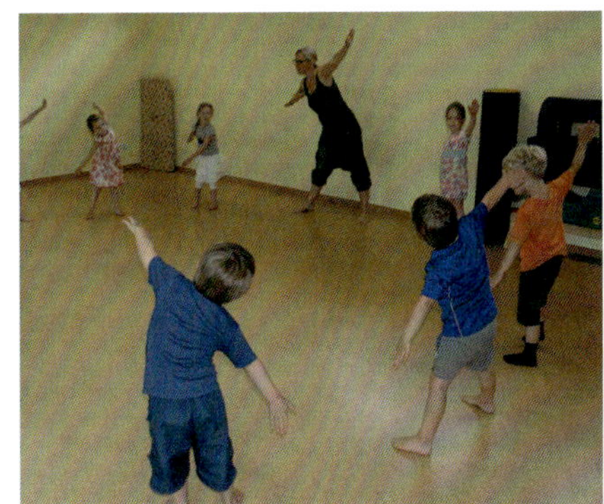

3) Petterson und Findus

„Die Schlittenfahrt" auf der CD „Pettersson und Findus Winterzauberlieder"

4-6 Jahre

Bei diesem Lied handelt es sich um eine Mischung aus Musik, Gesang und gesprochenen Texten aus der Serie. Daher kann es auch nur in einer Mischung aus leichten Tanzschritten und Improvisationsteilen tänzerisch umgesetzt werden.

Da es um eine rasante Schlittenfahrt geht, bietet es sich an, diese Schlittenfahrt mit den Kindern in Bewegungssequenzen umzusetzen.

Dieses Lied kann zum einen für eine Aufführung genutzt werden, aber auch gut thematisch zum Winter in den Unterricht eingebaut werden, sowie als Erwärmung am Anfang der Stunde verwendet werden.

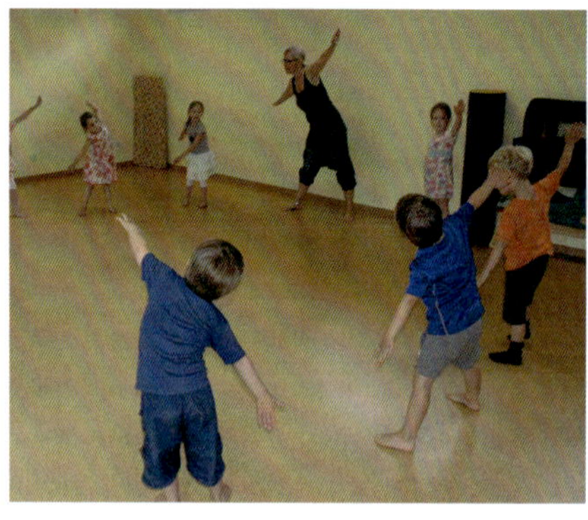

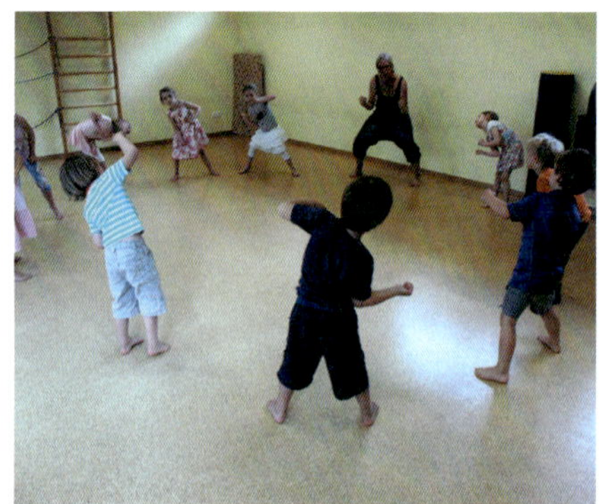

4) Bibi und Tina (der Film)

„Jungs gegen Mädchen"

6-8 Jahre

Die Filme von Bibi und Tina sind bei den Grundschulkindern absolut angesagt und bekannt. Das Lied *Jungs gegen Mädchen* setzt auf kindgerechte Art das musikalische Genre des Hip Hops um.

Durch den deutschen Text ist es für die Kinder verständlich und thematisch sehr nah an ihnen dran. Da in der Musik die gesungenen Rollen der Jungs und der Mädchen wechseln, lässt sich das Lied sehr gut auch szenisch umsetzen.

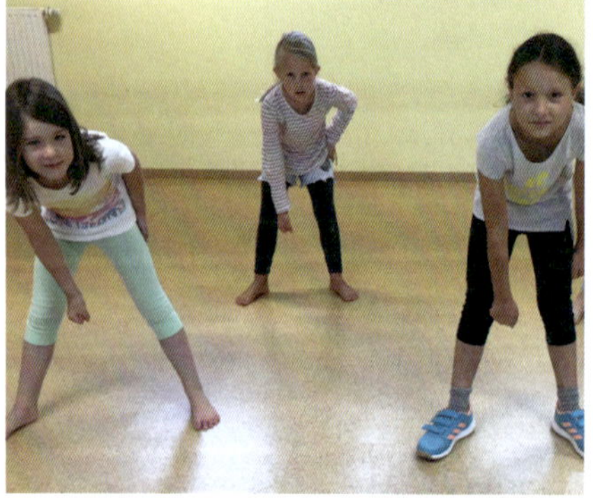

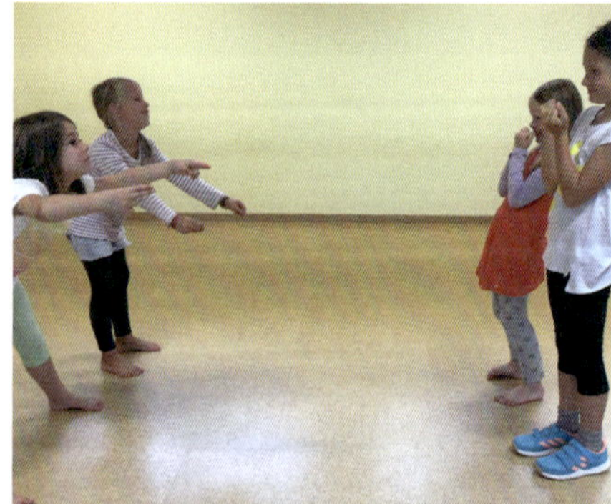

Wichtig!

Die vorgestellten Songs sind Vorschläge, nach deren Beispiel noch viele weitere Lieder gefunden und umgesetzt werden können.

Was natürlich als absoluter Klassiker gesehen werden kann, ist das Titellied zu Pippi Langstrumpf!

Da dieses Lied sicherlich in unzähligen Varianten bereits tänzerisch mit Kindern umgesetzt wurde, habe ich es aus dieser Beispielliste herausgelassen.

Nichtsdestotrotz möchte ich es unter diesem Oberthema nicht unerwähnt lassen, da es sich nach wie vor großartig für Tanz mit Kindern eignet!

5.2 Choreografie

In den nächsten Teilkapiteln möchte ich verschiedene Choreografien beispielhaft vorstellen und schriftlich aufführen.

Ich habe dabei drei sehr unterschiedliche Tänze ausgesucht, um verschiedene musikalische wie tänzerische Stilrichtungen aufzeigen zu können. Diese drei Beispiele enthalten Elemente aus dem Hip-Hop, dem Show- bzw. Musicaltanz, sowie aus dem Jazz-Dance-Bereich.

Ich versuche hierbei, die Beschreibungen der Schritte und Bewegungsabläufe möglichst verständlich zu gestalten und mit erklärenden Bildern zu versehen.

5.2.1 „Wicki"

Empfohlen für Kinder zwischen fünf und sieben Jahren/sechs und acht Jahren.

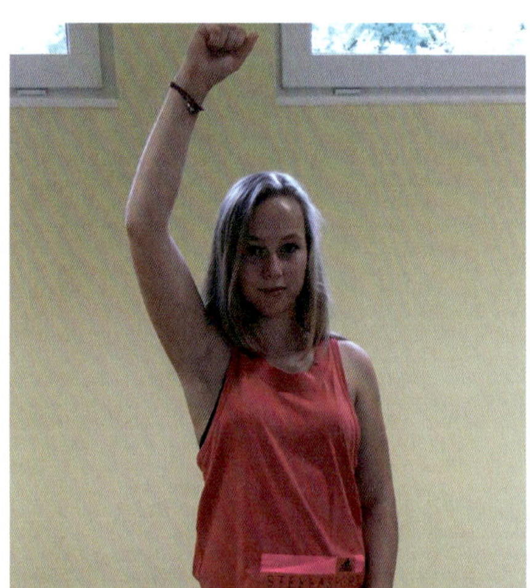

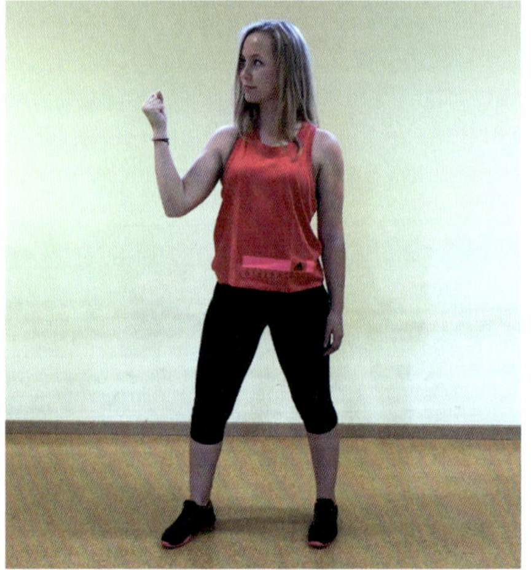

Refrain:

1 – 4 hüpfen + rechter Arm boxt nach oben („hey, hey, Wicki")

5 – 8 zweimal tauchen mit Oberkörper links – rechts /rechts – links („hey, Wicki, hey")

1 + 2 die rechte Hand greift nach oben und zieht runter (Segel anziehen)

3 + 4 die linke Hand greift nach oben und zieht runter

5 + 6 die rechte Hand wiederholt

7 + 8 die linke Hand wiederholt

1 – 4 das Hüpfen wiederholen, mit dem Arm boxen („hey, hey, Wicki")

5 + 6 der Oberkörper taucht unter einer Welle durch (Delfin)

7 + 8 mit den Armen in „Kraftpose" stehen

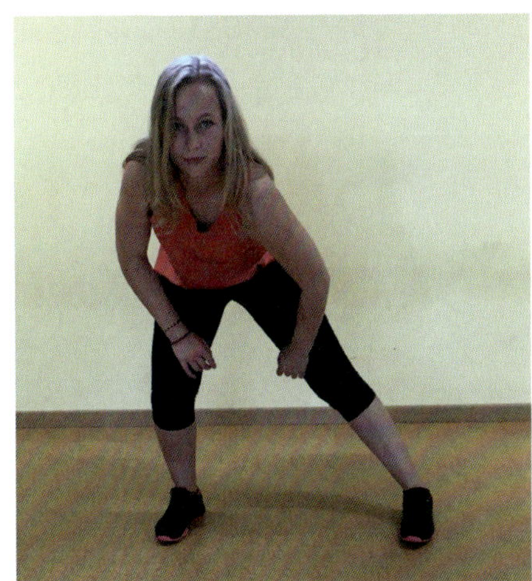

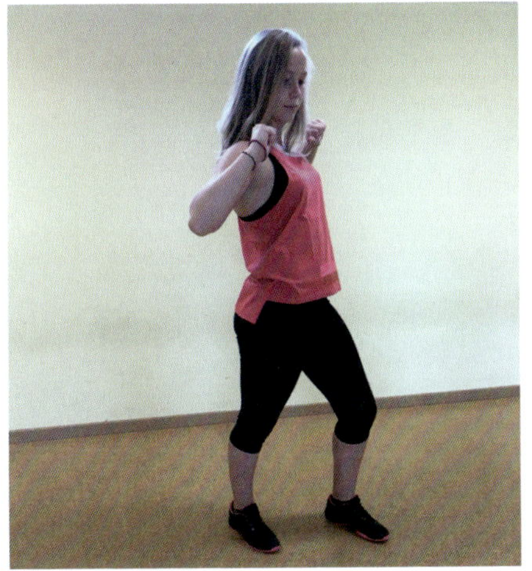

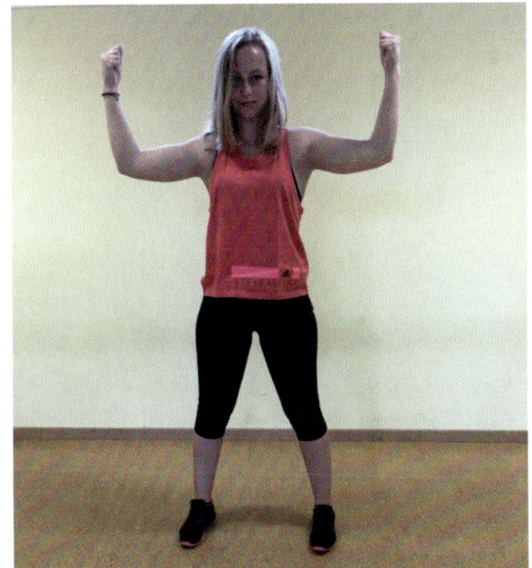

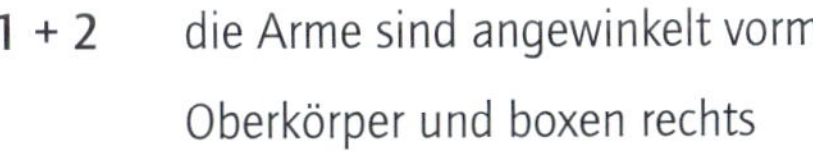

1 + 2 die Arme sind angewinkelt vorm Oberkörper und boxen rechts

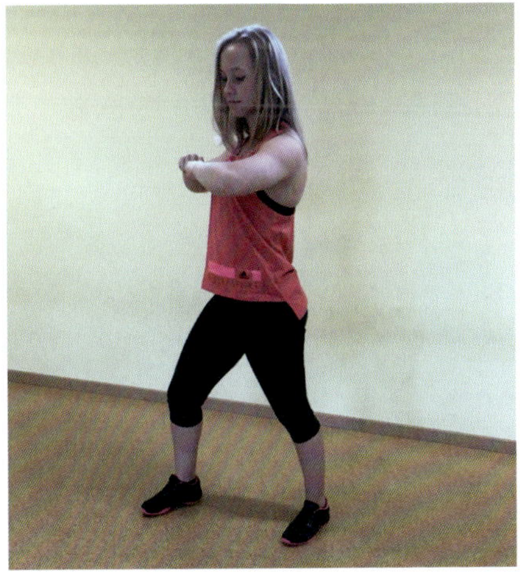

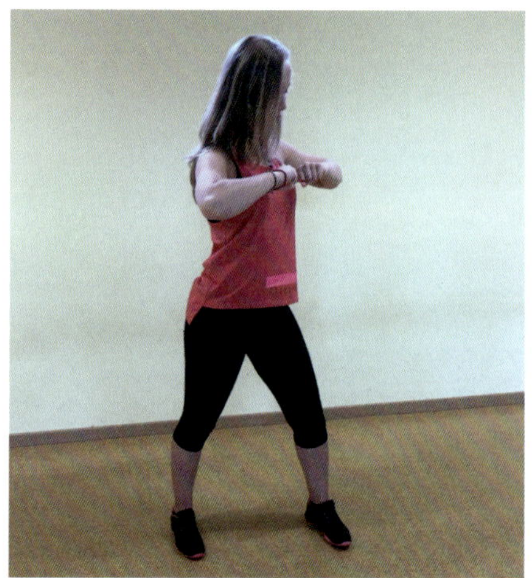

3 + 4 die Arme sind angewinkelt vorm Oberkörper und boxen links

5 – 8 die Arme ziehen über den Kopf und am Körper nach unten

1 – 8 einmal im Kreis gehen

1 – 8 auf „Wicki" eine Pose halten

Strophe:

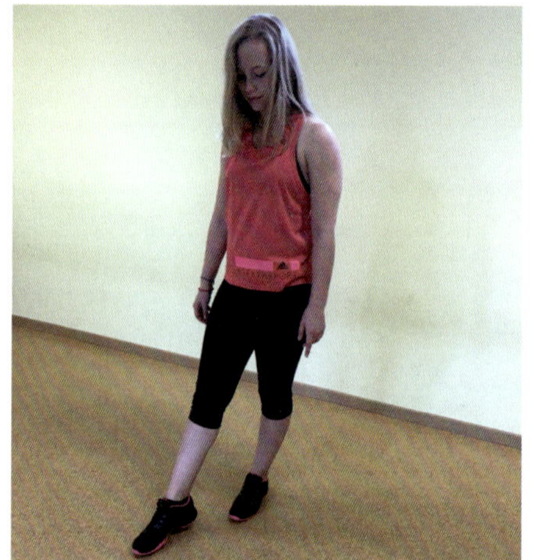

1 – 8 mit „Hip-Hop-Schritt nach vorne gehen – Tap rechter Fuß vor und Bounce mit Oberkörper + Tap linker Fuß vor mit Bounce im Oberkörper usw.

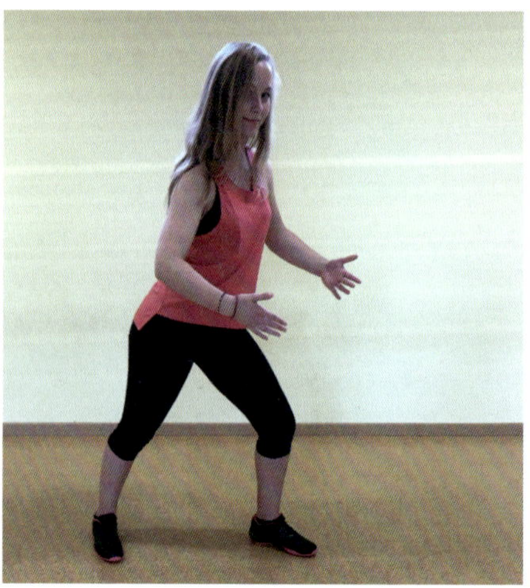

1 – 4 großer Armkreis von rechts nach links

5 – 8 großer Armkreis von links nach rechts

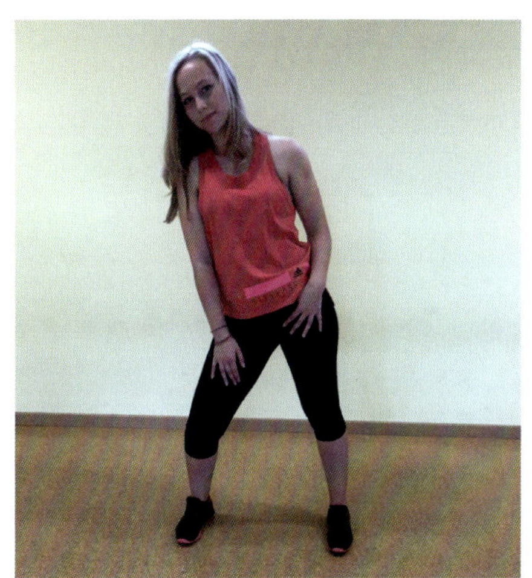

1 – 4 Snake (aus dem Hip Hop) mit dem Oberkörper nach rechts

5 – 8 Snake (aus dem Hip Hop) mit dem Oberkörper nach links

1 – 8 rückwärts hüpfen und winken („Die Lösung fällt ihm gar nicht schwer")

Refrain:

Wiederholen s. oben.

Strophe:

Wiederholen s. oben

Die Teile wiederholen sich bis zum Ende mit einer Schlusspose!

Wichtig!

Die Bewegungsabläufe dieser Beispielchoreografie sind sehr einfach gehalten und können beliebig erschwert oder vereinfacht werden.
Sie sollen einen Mittelwert darstellen, der von vielen Kindern im Durchschnitt gut umgesetzt werden kann.

Dieses Beispiel enthält einfache Basiselemente aus dem Hip-Hop-Bereich!

5.2.2 „Wer hat an der Uhr gedreht?"

Empfohlen für Kinder zwischen sechs und acht Jahren

Refrain:

1 – 4 Pose in zweiter Fußposition + Hände in Pose „keine Ahnung"

5 – 8 die rechte Hand mit Finger kreisen

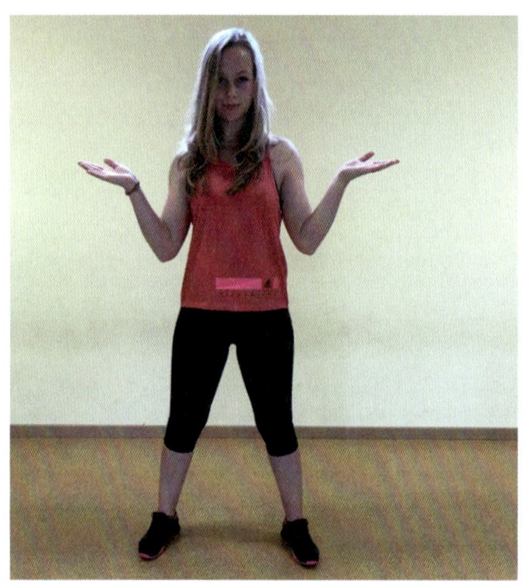

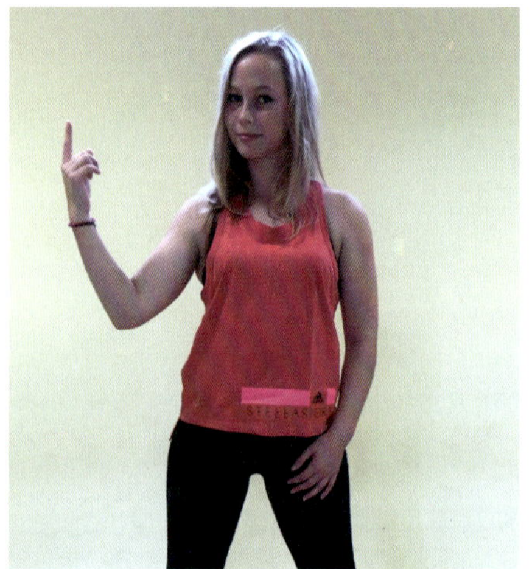

1 – 4 mit der rechten Hand/Finger auf das Publikum zeigen von rechts nach links (auf 1, 2, 3, 4)

5 + 6 die Hände vor dem Oberkörper zusammenklatschen und halten

7 + 8 der Kopf neigt sich nach rechts und links

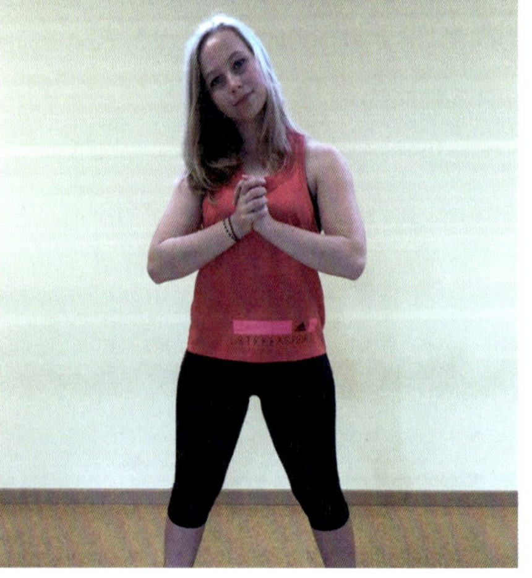

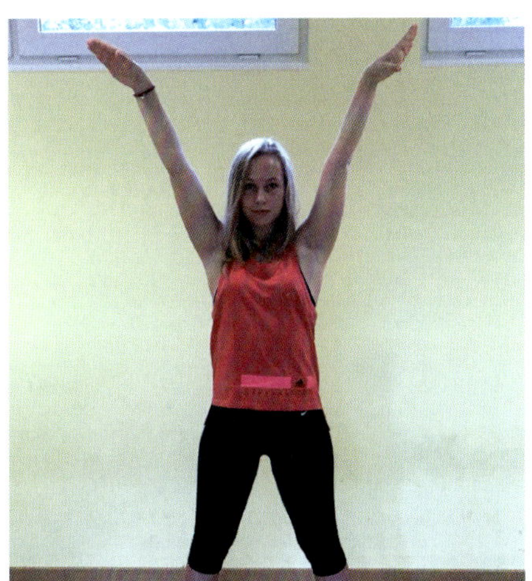

1 + 2 den Körper strecken und beide Arme zeigen ausgestreckt nach oben

3 + 4 Position im Plié + die Arme fallen nach unten + die Hände stützen sich auf die Knie

5 – 8 den Oberkörper langsam wieder nach oben aufrichten + die Schultern dabei leicht nach hinten bewegen

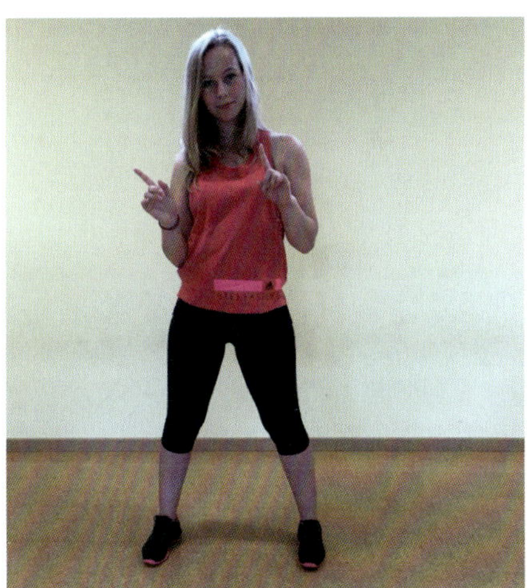

1 – 8 stehen in zweiter Position + beide Finger gehen von rechts nach links und zeigen „Schluss für heut"

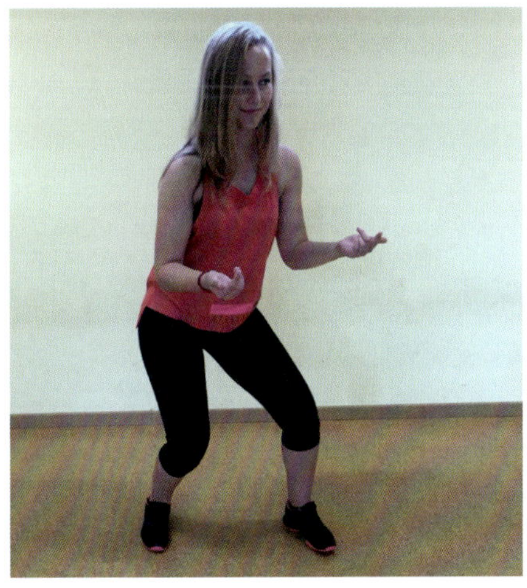

Strophe:

1 – 8 stehen in zweiter Position + mit beiden Händen vorne locken rechts + links im Wechsel (zweimal rechts/zweimal links usw.) (lockende Geste mit den Händen)

1 – 8 mit dem ganzen Körper imitieren „auf Leiter klettern"

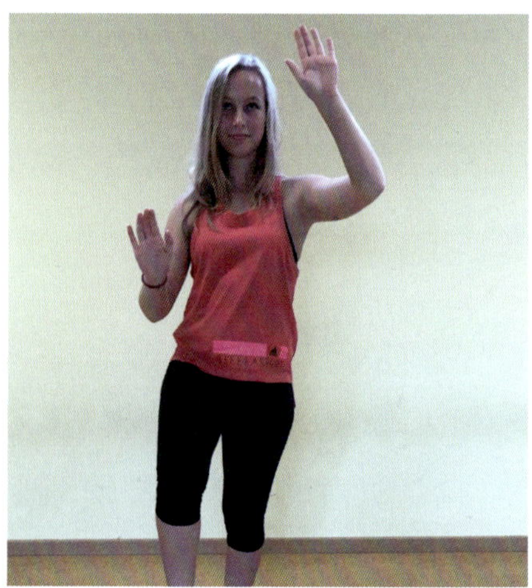

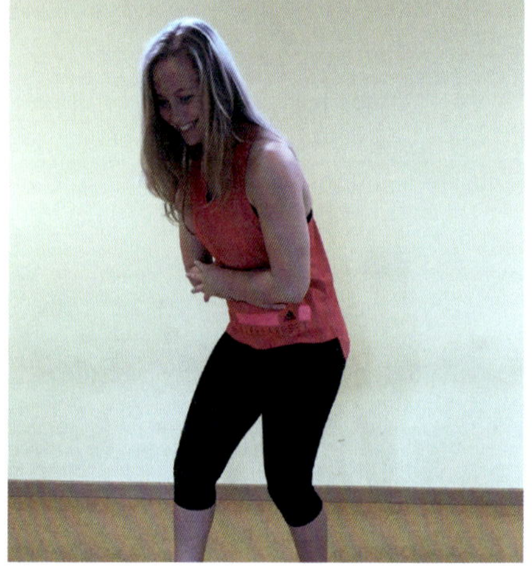

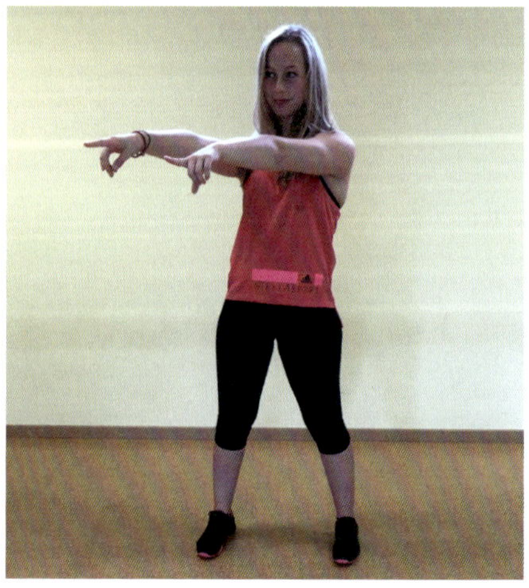

1 – 8	mit beiden Armen gleichmäßig- von oben nach unten Schlangenlinien malen
1 – 8	mit beiden Händen/Fingern Geste „Nein" von rechts nach links
1 + 2	mit verschränkten Armen den Oberkörper wippen, zweimal rechts
3 + 4	mit verschränkten Armen den Oberkörper wippen, zweimal links
5 + 6	wippen wiederholen rechts
7 + 8	wippen wiederholen links
1 – 4	mit rechter Hand/Finger von rechts nach links zeigen
5 – 8	„(...)" über die wir trotzdem lachen (...)" die Hände an den Bauch halten und eine lachende Körperhaltung imitieren
1 – 4	beide Arme über die Seite nach oben führen/die Zeigefinger weisen beide nach vorne
5 – 8	beide Arme/die Zeigefinger über vorne im großen Bogen auf Brusthöhe führen

1 – 4 mit beiden Händen/Zeigefingern vorm Oberkörper einen Bogen jeweils über außen führen ((...)„doch nur Farb- (...)")

5 – 8 („(...) und Pinselstrich (...)") mit dem rechten Finger in der Luft kreisen

Refrain:

Alle Achter wiederholen bis (...) „na, ihr Leut" (...)

Outro:

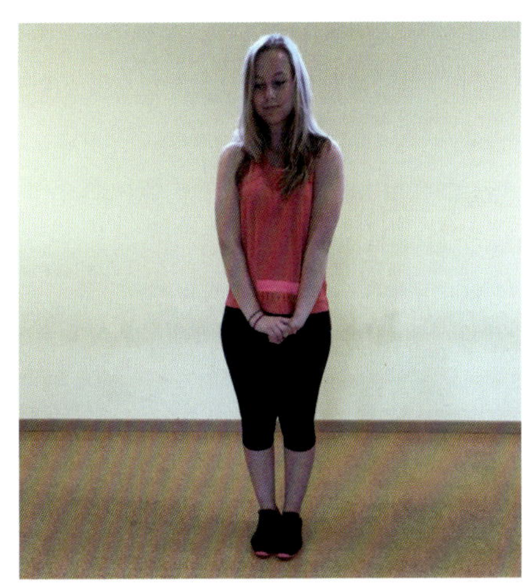

Nach dem Aufrichten des Oberkörpers kommen die Bewegungen nicht mehr auf Zählzeiten, sondern werden eher pantomimisch auf die Sprache Paulchen Panthers gesetzt:

„Ist für heute wirklich Schluss?" *Stehen in trauriger Pose und hin und her schaukeln*

„Heute ist nicht alle Tage – ich komm wieder, keine Frage!"

Sich in Positur werfen und den Satz pantomimisch nachstellen.

Mit Schlussakkord abgehen!

Wichtig!

Der tänzerische Ablauf dieser kleinen Choreografie erscheint auf den ersten Blick sehr einfach und damit fast zu einfach für die angegebene Altersgruppe!

Allerdings ist das Tempo des Titels sehr schnell und dadurch ist es recht schwierig, für Kinder Bewegungen in dem Tempo exakt auszuführen.

Deshalb liegt hier der Fokus eher auf der synchronen und exakten Durchführung der Bewegungen, als auf dem Schwierigkeitsgrad der einzelnen Bewegungen.

Die Wirkung der Choreografie wird durch die Gleichmäßigkeit der Gruppe, sowie durch das schnelle Tempo erzielt!

5.2.3 „Jungs gegen Mädchen"

Empfohlen für Kinder zwischen 6-8 Jahren/8-10 Jahren.

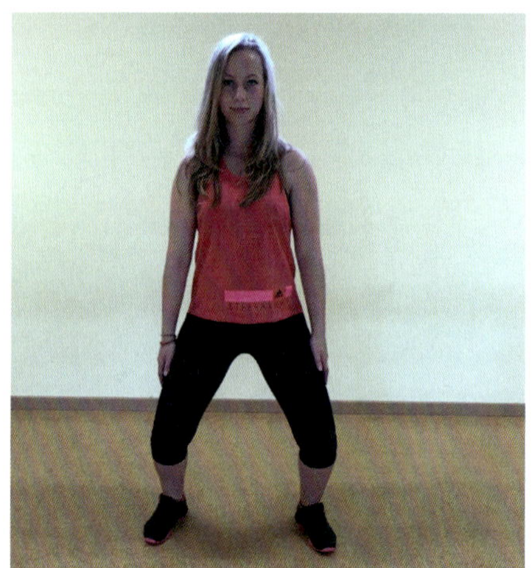

Hier kommt es sicherlich auf den tänzerischen Stand der Gruppe an!

Die Choreografie in dieser Form eignet sich z. B. für eine gemischte Gruppe von Erst- und Zweitklässlern sowie für Kinder zwischen acht und 10 Jahren, die tänzerisch wenig Vorkenntnisse besitzen!

Strophe 1:

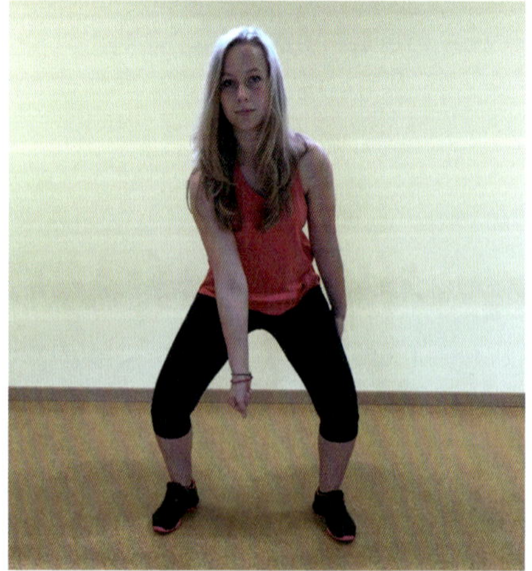

1 + 2 die Füße gehen in die zweite Position auseinander + leicht ins Plié

3 + 4 der rechte Arm zeigt mit geballter Faust nach unten, zwischen die Beine, der Oberkörper ist nach unten geneigt – auf 4 mit dem Kopf einmal nicken

5 – 7 den Arm mit der Faust nach oben ziehen und vorne am Körper wieder nach unten führen

8 mit Schlusssprung die Füße zusammenbringen + die Hände seitlich in die Geste „keine Ahnung" führen

1 + 2 mit dem rechten Finger nach rechts zeigen

3 + 4 mit dem rechten Finger nach links zeigen

5 – 8 mit dem rechten Finger einmal von rechts nach links zeigen, auf 5, 6, 7, 8

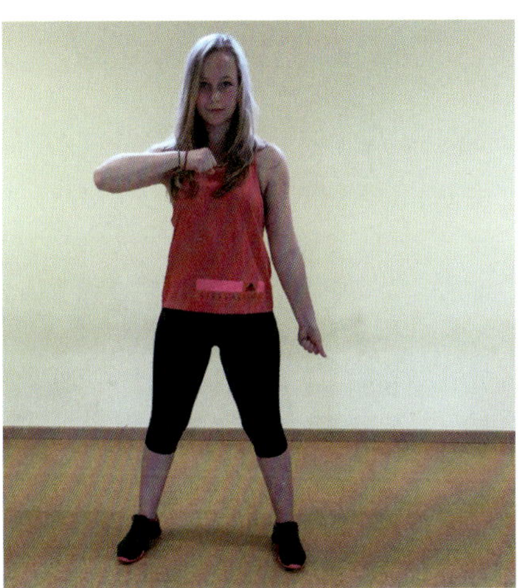

Bridge 1:

(…) „Jungs gegen Mädchen, Mädchen gegen Jungs!" (…)

1 + 2 den rechten Arm angewinkelt hochziehen

3 + 4 den linken Arm angewinkelt hochziehen – s. o.

5 beide Arme gleichzeitig angewinkelt hochziehen

6 beide Arme vor der Brust einmal über Kreuz bringen

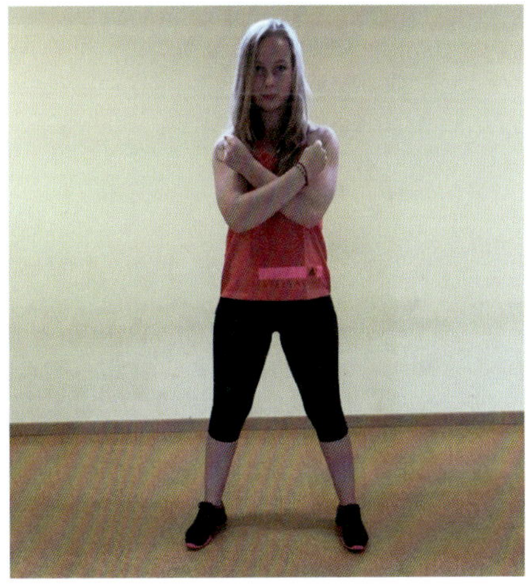

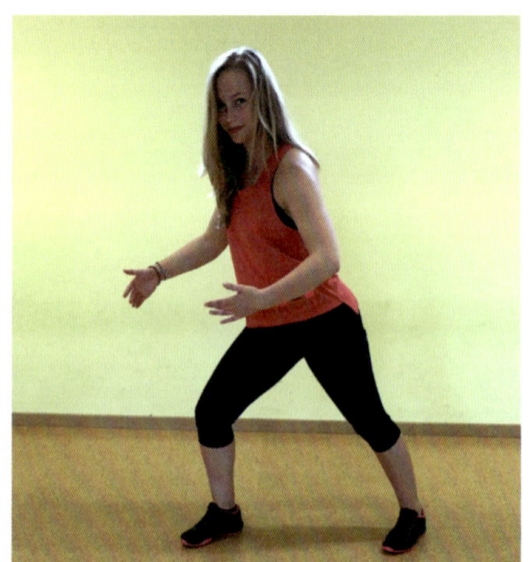

7 beide Arme gleichzeitig wieder angewinkelt nach außen ziehen

8 beide Arme nach unten bringen – an die Seiten des Körpers

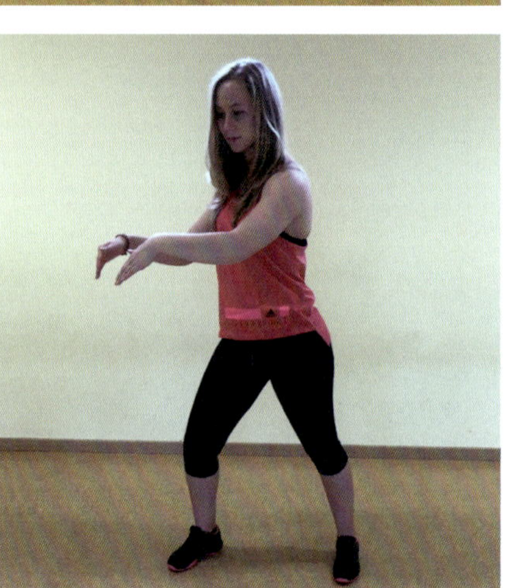

1 + 2 Hip-Hop-Bounce-Bewegung mit den Unterarmen nach rechts diagonal

3 + 4 die gleiche Bewegung nach links diagonal

5 + 6 die gleiche Bewegung nochmals nach rechts diagonal

7 auf beiden Seiten mit zwei Fingern vor die Augen (...) „Augen zu" (...)

8 die Hände nach außen ziehen (...) „ich sterbe" (...)

1 + 2 mit beiden Händen zweimal „Wegwerfbewegung" nach rechts unten

3 mit beiden Händen einmal die gleiche Bewegung nach links

4 mit rechter Hand/zwei Fingern über den Mund wischen (...) „kein Geschmack" (...)

5 + 6 mit beiden Händen die gleiche Bewegung zweimal nach rechts

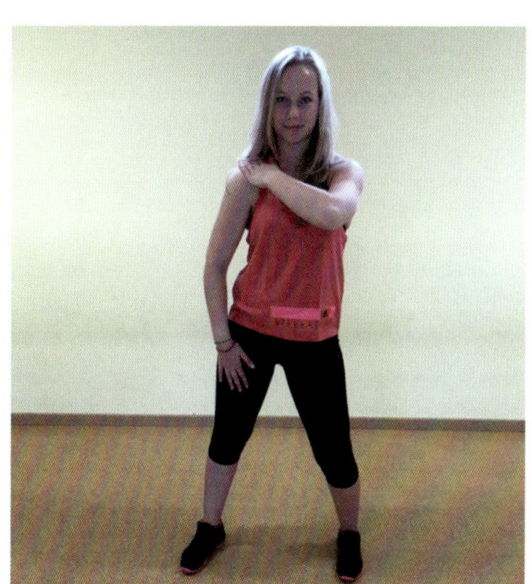

7 + 8 mit beiden Händen die gleiche Bewegung zweimal nach links

1 – 4 mit beiden Händen seitlich/oben auf die Schultern tippen

5 + 6 einmal den Kopf kreisen (orientalisch)

7 + 8 mit beiden Händen seitlich die Geste „keine Ahnung“ (s. o.) ausführen

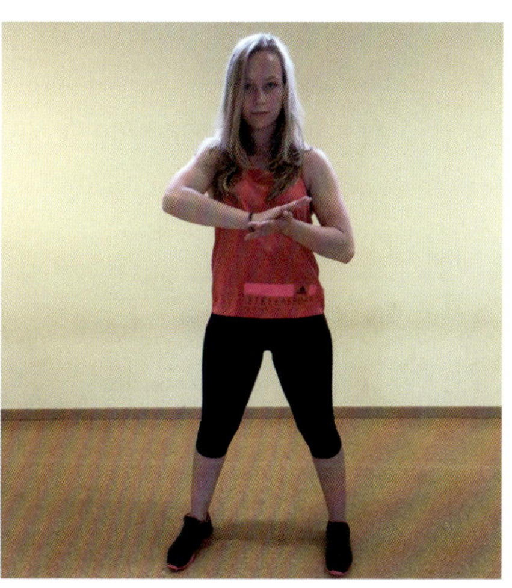

1 – 4 beide Arme langsam über außen nach oben über den Kopf bringen

5 – 8 mit beiden Armen über dem Kopf von rechts nach links winken
(...) „come on girls, let's go!“ (...)

1 + 2 die rechte Hand auf die linke Hand pressen vorm Oberkörper

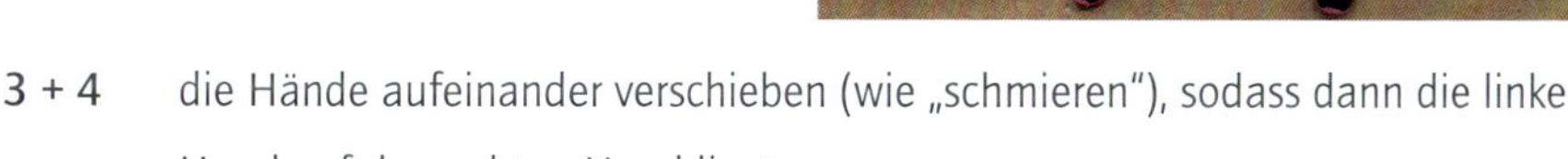

3 + 4 die Hände aufeinander verschieben (wie „schmieren“), sodass dann die linke Hand auf der rechten Hand liegt

5 + 6 die linke Hand zieht von da aus auf die rechte Schulter

7 + 8 zweimal mit der Hand auf der Schulter wischen

1 – 4 die linke Hand wischt von der Schulter durch die Luft zur Seite (wegwischen)
(...) „ab durch die Mitte“ (...)

5 – 8 mit den Händen provozierend rückwärts gehen

Zwischenpose „Geht so“ auf vier Zeiten!

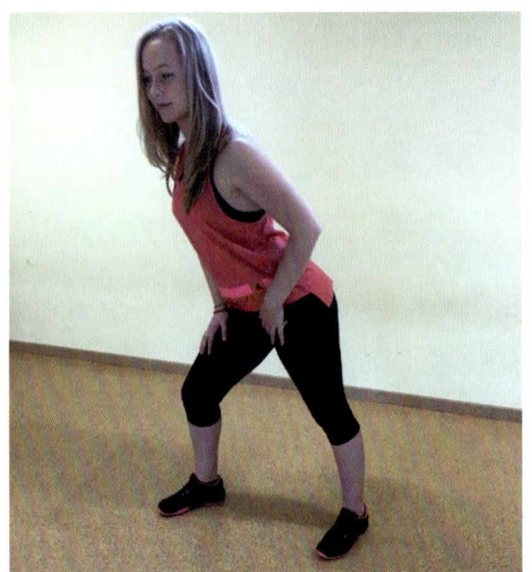

Refrain:

1 – 8 s. o. Bridge 1

1 – 8 wiederholen Bridge 1

1 – 3 Delfin mit Oberkörper diagonal rechts durchtauchen

4 der Oberkörper ist wieder gerade + die Arme sind in der „Kraftposition"

5 – 8 den Oberkörper langsam wieder nach vorne drehen + mit den Armen jeweils nach oben boxen
3 x 8 wiederholen

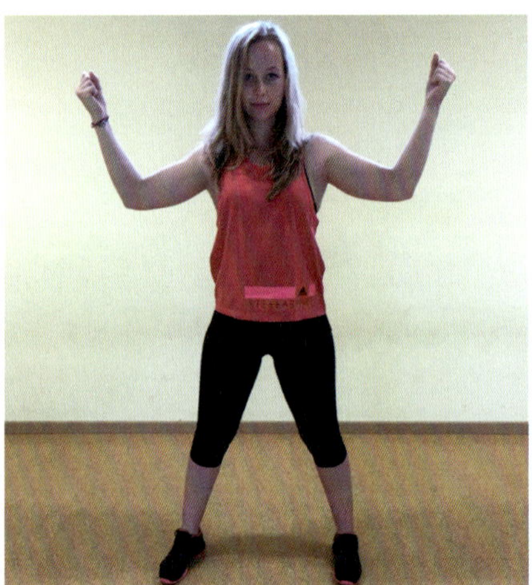

Strophe 2:

2 x 8 alle laufen zusammen in einem Pulk (hierfür muss vorher eine Aufstellung gemacht werden)

1 – 8 Tap mit den Füßen nach vorne immer im Wechsel

1 – 8 mit den Unterarmen seitlich diagonal boxen, rechts 2 x, links 2 x, rechts 2 x, links 2 x

1 – 8 mit dem Oberkörper tauchen von rechts nach links

1 – 8 mit dem Oberkörper tauchen von links nach rechts

1 – 4 Snake nach rechts

5 – 8 Snake nach links

1 – 8 Snake wiederholen in beide Richtungen

Refrain:

Alle wiederholen im Pulk den Ablauf vom Refrain!

Bridge 2:

Die Bewegungen werden auf die Sprache gemacht.

Jungs:
„Na, wollt ihr mal wieder Schminki, Schminki machen?
Geht doch einfach wieder euer One Direction gucken!"

Mädchen:
„Habt ihr keine besseren Sprüche?"

Die Sätze werden durch Gesten nachgestellt!

Wichtig!

Wenn die Kinder sich im Pulk aufstellen, könnte ein Kind sich seitlich neben dem Pulk allein sitzend positionieren.

Wenn der Refrainabschnitt zu Ende ist, steht das Kind an der Seite auf und macht die Gesten zu den Sätzen der Jungen allein.

Der Pulk antwortet dann mit der Stimme der Mädchen, ebenfalls durch eine Geste.

Outro:

2 x 8 alle Kinder laufen wieder auf die vorherige Tanzposition auseinander – der Pulk wird aufgelöst!

1 – 8 sie kommen an auf dem letzten Abschnitt des Refrains: (..) „Wer ist stärker?" (...) alle Kinder setzen dort ein mit dem Delfin seitlich diagonal s. o.

1 – 8 Achter wiederholen (...) „Jungs sind wie Wasser, keine Farbe, kein Geschmack (..)" – mit Händen „Wegwischbewegung" seitlich machen etc. s. o.

3 x 8 Refrain wiederholen

1 – 8 seitlich boxen mit den Unteramen, die Hände zur Faust ballen, rechts 2 x, links 2 x, rechts 2 x, links 2 x

3 x 8 Refrain wiederholen

1 – 8 Achter von oben mit „Wegwischbewegung" wiederholen

3 x 8 Refrain wiederholen

1 – 8 Achter wiederholen seitlich mit den Unterarmen boxen etc.

Abschlusspose

ENDE

Weitere Songs zu dem Thema:

- Pumuckel (4-6 Jahre)
- Aristocats (6-8 Jahre/8-10 Jahre)
- Probier's mal mit Gemütlichkeit/Dschungelbuch (6-8 Jahre)
- König der Löwen (8-10 Jahre)

5.3 Eine Bühnenpräsentation

In den vorausgegangenen Teilkapiteln wurden verschiedene Möglichkeiten für Choreografien und deren Umsetzung zum Oberthema „Kinderfilme und Kinderserien" erläutert.

Im folgenden Teilkapitel möchte ich aus dem vorgestellten Pool an Möglichkeiten eine kleine Bühnenpräsentation beispielhaft konstruieren und vorstellen. Wieder handelt es sich dabei nur um ein Beispiel von vielen und soll lediglich als Anregung zur eigenen Weiterentwicklung dienen.

Anlass und Gruppe

Für die Gestaltung einer Bühnenpräsentation ist entscheidend, zu welchem Anlass, in welchem räumlichen und zeitlichen Umfang und mit welcher Gruppenstärke die Aufführung stattfinden soll.

Variante 1:

- Die Aufführung findet anlässlich eines Turnfestes innerhalb eines Sportvereins statt.
- Die Tanzsparte stellt innerhalb dieses Turnfestes ihre Gruppen vor.
- Die Aufführung findet in einer Turnhalle statt, ohne großen technischen Aufwand.
- Das Publikum besteht aus Eltern und Verwandten, es wird ein überschaubarer Rahmen.
- Wir gehen von drei Tanzgruppen aus in den Alterssparten 4-6 Jahre/6-8 Jahre/8-10 Jahre.

Variante 2:

- Wir gehen von einer schulischen Aufführung anlässlich eines Sommerfestes an der Schule aus.
- Der Ganztagsbereich stellt Auszüge seines Angebots auf diesem Sommerfest vor.
- Die Aufführung findet in einer Aula statt, ohne großen technischen Aufwand.
- Das Publikum besteht aus Eltern, Verwandten und Lehrern.
- Die Tanzgruppen der verschiedenen Klassenstufen stellen sich vor.
- Es tanzen Kinder aus den Klassen 1 und 2 sowie 3 und 4, die insgesamt aus zwei Gruppen bestehen.
- Gruppe 1: 1 + 2 Klassen/Gruppe 2: 3 + 4 Klassen.
- Die Aufführung wird von zwei Gruppen gezeigt.

Aufbau

Hier geht es um den strukturellen Aufbau der Präsentation.

Variante 1:	Variante 2:
Intro/Beginn Alle Gruppen	Intro/Beginn Alle Gruppen
Wechsel	Wechsel
Choreografie 1 4-6 Jahre	Choreografie 1 1. + 2. Klassen/ Gruppe 1
Wechsel	Wechsel
Choreografie 2 6-8 Jahre	Choreografie 2 3. + 4. Klassen/ Gruppe 2
Wechsel	Wechsel
Choreografie 3 8-10 Jahre	Choreografie 3 1. + 2. Klassen/ Gruppe 1
Wechsel	Wechsel
Outro/Finale alle Gruppen	Choreografie 4 3. + 4. Klassen/ Gruppe 2

Aufbau

Hier geht es um den inhaltlichen Aufbau der Präsentation.

Intro/Beginn
Alle Kinder

„Bugs Bunny"
Große, bunte, Bunny-Show

Übergang 1

- Alle Kinder gehen von der Bühne ab.
- Zwei Kinder der älteren Gruppe bleiben und unterhalten sich über eine Blume – die Pusteblume.

Choreografie 1
4-6 Jahre:

- Die Kinder kommen auf die Bühne und stellen sich auf.
- Die „Sprecher" gehen ab.
- Die Kinder tanzen Löwenzahn.

Übergang 2

- Alle Kinder der ersten Gruppe gehen ab.
- Die zweite Gruppe kommt zeitgleich raus.
- Sie sehen dabei gefährlich und wild aus – wie eine Horde Wikinger.

Choreografie 2
6-8 Jahre

- Die wilde Horde Wikinger kommt in ihre Aufstellung.
- **Sie tanzen die Choreografie zu Wicki.**

Intro/Beginn
Alle Kinder

Alle Kinder tanzen eine einfache Sequenz zu Löwenzahn".

Übergang 1

- Alle Kinder gehen von der Bühne ab.
- Zwei Kinder kommen auf die Bühne, das eine hat's eilig.
- Das „gelassene" Kind rät dem anderen: „Probier's mal mit Gemütlichkeit!"...

Choreografie 1
6-8 Jahre:

- Die Kinder kommen auf die Bühne und stellen sich auf.
- Die „Sprecher" gehen ab.
- Die Kinder tanzen Dschungelbuch.

Übergang 2

- Alle Kinder gehen ab.
- Zwei ältere Kinder kommen von unterschiedlichen Seiten auf die Bühne.
- Sie schleichen umeinander herum wie Katzen etc.
- Sie verschwinden wieder.

Choreografie 2
8-10 Jahre

- Die beiden „Katzen" kommen mit den anderen Kindern wieder auf die Bühne und in Aufstellung.
- **Alle tanzen Aristocats.**

Übergang 3

- Die „Wikinger" gehen ab.
- Zwei Kinder der nächsten Gruppe kommen aufeinander zu – das eine hat einen Blumenstrauß dabei und überreicht dem anderen den Strauß.
- Die anderen Kids der Gruppe kommen dazu.
- Das Kind legt den Blumenstrauß zur Seite.

Choreografie 3
8-10 Jahre:

- Alle Kinder kommen in ihre Aufstellung.
- **Alle tanzen „Vielen Dank für die Blumen".**

Finale
Alle Gruppen

- Alle Kids kommen auf die Bühne und in ihre Aufstellung.
- **Alle tanzen „Bugs Bunny – das Publikum war heute wieder wundervoll**
- (...)".

Übergang 3

- Die Kinder der nächsten Gruppe kommen schnell rennend herein und laufen alle durcheinander, wobei sie möglichst schnell sein sollen.
- Die Kinder der letzten Gruppe gehen ab.

Choreografie 3
6-8 Jahre:

- Alle Kinder kommen in plötzlich in ihre Aufstellung.
- **Alle tanzen „Speady Gonzales".**

Übergang 4

- Die Kinder der letzten Gruppe gehen ab.
- Die Kinder der nächsten Gruppe kommen in zwei Gruppen von zwei Seiten.
- Sie „feinden" sich erst an und kommen dann in ihre Aufstellung

Choreografie 4
8-10 Jahre

- Die Kinder sind schon in der Aufstellung.
- **Alle tanzen „Jungs gegen Mädchen".**

Finale
Alle Gruppen

- Alle Kinder kommen auf die Bühne.
- **Alle tanzen „Wer hat an der Uhr gedreht?"**

Beide Varianten des Aufbaus sind beispielhaft zusammengesetzt.

Sie kombinieren die vorgestellten Musikstücke, deren Tanzsequenzen mit den dazugehörigen Altersgruppen und passenden Übergängen zu einem Ganzen.

Zu einigen der vorgeschlagenen Choreografien finden sich im oberen Kapitel die Anleitungen.

Zu den übrigen Choreografien werden musikalische Empfehlungen gegeben.

Lassen Sie sich für diese Choreografien von der Musik inspirieren!

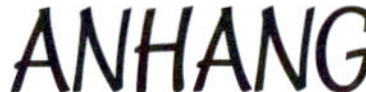

ANHANG

1 Literatur- und Musikempfehlungen

Literaturempfehlungen

- Baeten, L. & Kutsch, A. (2003, 4. Auflage). *Die neugierige keine Hexe.* Hamburg: Oetinger Verlag.
- Carle, E. (15. Auflage 2009). *Die kleine Raupe Nimmersatt.* Hildesheim: Gerstenberg Verlag.
- Ende, M. (2008). *Ophelias Schattentheater.* Stuttgart: Thienemann Verlag.
- Haughton, C. (2011). *Kleine Eule ganz allein.* Frankfurt am Main: FISCHER Sauerländer Verlag.
- Johnstone, K. (1993). *Improvisation und Theater.* Berlin: Alexander Verlag.
- Johnstone, K. (2006). *Spontanität im Theater.* Berlin: Alexander Verlag.
- Kowollik, B. (2015). *Kita-Kinder machen Theater. Kreative Ideen für Krippe und Kindergarten.* Mülheim an der Ruhr: Verlag an der Ruhr.
- Weidemann, G. (Hrsg.) (2010). *Jetzt machen wir Theater! Die Kleinsten erleben, was in ihnen steckt.* Troisdorf: Bildungsverlag EINS.

Musikempfehlungen

Quellen für Improvisationsmusik/Instrumentalmusik:

Soundtracks:

- Das Piano
- Aux chocolat
- Jenseits der Stille
- Fabelhafte Welt der Amelie
- In aller Freundschaft
- Momo

Klassik:

- Vivaldi
- Chopin
- Bach
- Mozart
- David Garrett
- Tadeus Monk

Sampler:

- Café del Mar
- Chill out Music
- Easy Listening
- Klaviersampler

Quellen für Choreografien:

- Deine Freunde
- Bibi-und-Tina-Filme (Soundtrack)
- Hip-Hop-Sampler (z. B. Hip Hop 50 Hits)
- Charts
- Walk off the Earth
- Kikaninchen Sampler
- TV Friends (Musik zu Kinderserien und Kinderfilmen)
- Culcha Cundela
- Ulk van Bulk
- Herr H

TIPP

- Zu jedem Popsong gibt es im Internet auch die dazugehörige Instrumentalversion zum Herunterladen! Diese Varianten der aktuellen Songs lassen sich oft sehr gut für Choreografiearbeit als auch zur Improvisation nutzen!
- Grabbeltisch bei Mediamarkt mit CDs von Klassik, Pop bis Oldies
- Entspannungs-CDs im Drogeriemarkt
- Alle Varianten von Samplern zu unterschiedlichen Musikgenres lassen sich prima nutzen.
- Die Plattform Spotify ist sehr hilfreich beim Suchen von passender Musik zu bestimmten Themen!

2 Bildnachweis

Cover-Collage: iStockphoto/Thinkstock, Photodisc/Thinkstock,
Brand X Pictures/Thinkstock;
Grafik Umschlag und Kapitelanfang: iStockphoto/Thinkstock

Covergestaltung: Sannah Inderelst
Layout: Sannah Inderelst/Annika Naas
Satz: Ute Küttner
Fotos Innenteil: Hartmut Jakubowsky, abgebildete Tanzgruppe:
Tanzkinder vom Sportverein HSC Hamburg Harburg;
S. 75: Friedrich Schilling
Lektorat: Dr. Irmgard Jaeger

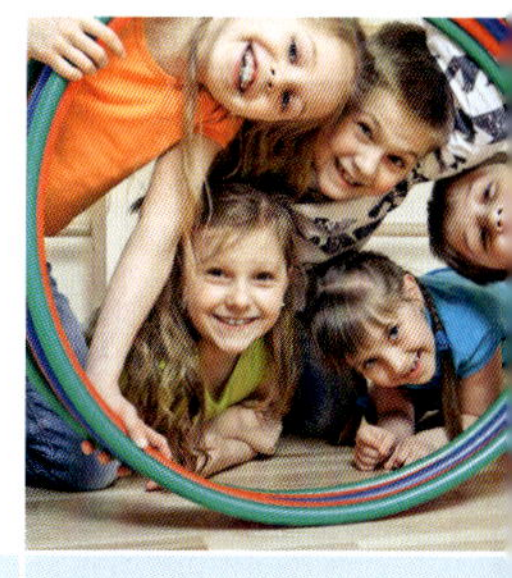

TANZ & AKROBATIK

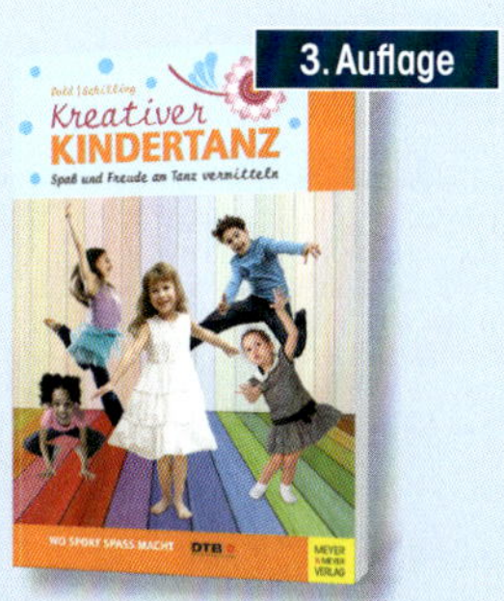

200 Seiten, 16,5 x 24 cm, KB
108 Fotos, in Farbe
ISBN: 978-3-89899-580-1
€ [D] 18,95/€ [A] 19,50
Auch als E-Book erhältlich.

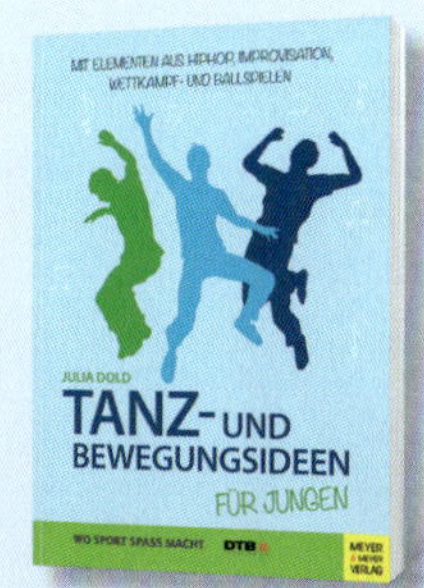

208 Seiten, 16,5 x 24 cm, PB
106 Fotos, Farbe, 5 Abb., in Farbe
ISBN: 978-3-8403-7529-3
€ [D] 19,95/€ [A] 20,60
Auch als E-Book erhältlich.

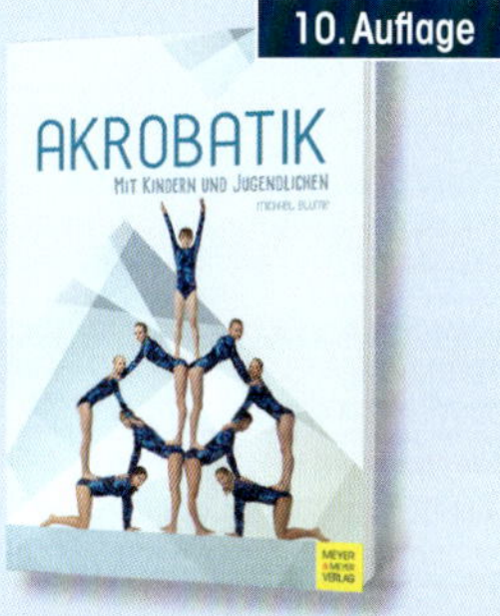

192 Seiten, 16,5 x 24 cm, KB
113 Fotos, 79 Abb., in Farbe
ISBN: 978-3-8403-7548-4
€ [D] 19,95/€ [A] 20,60
Auch als E-Book erhältlich.

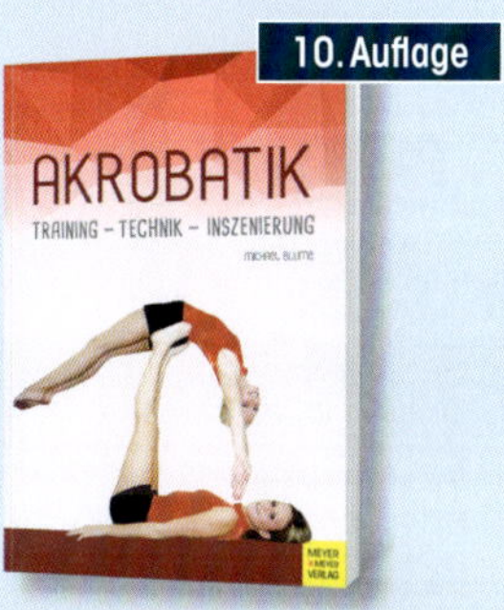

216 Seiten, 16,5 x 24 cm, KB
137 Fotos, 195 Abb., in Farbe
ISBN: 978-3-89899-524-5
€ [D] 19,95/€ [A] 20,60
Auch als E-Book erhältlich.

* Preisänderungen vorbehalten und Preisangaben ohne Gewähr! ©Adobe Stock